조선족 어디로 가야 하나?

# 조선족 어디로 가야 하나?

정신철 시론집

역락

# 머리말

　　지난 1990년대 중반 이후 조선족 사회는 심각한 변화를 겪었다. 이 가운데 제일 특징적인 것이 인구 이동이다. 수많은 사람들이 농촌에서 도시로, 동북 집거지역에서 산해관 이남지역으로, 국내에서 국외로 진출함에 따라 민족 사회의 기반이었던 농촌 마을은 공허해지고 동북 집거지의 조선족 인구도 날로 감소되는 추세를 보였다.

　　이처럼 중국의 개혁개방, 도시화 과정 그리고 한중수교의 큰 흐름에 따라 조선족 사회는 신속한 발전과 변화를 가져왔다. 하지만 발전 과정에서의 '진통' 또한 만만치 않아 심지어는 '위기설', '해체설' 등이 나올 정도로 조선족 사회가 당면한 문제들이 심각하였다.

　　민족이론과 민족정책연구가 전공인 필자는 그때로부터 조선족 사회에 대하여 더욱 관심을 갖기 시작하였고 나름대로 현지조사와 관련연구들을 하여왔다. 그리고 시기와 단계에 맞추어 관련 주제와 토론에 대응하여 칼럼, 담론 등 수십 편을 관련 신문과 사이트에 발표하였다. 이러한 글들은 비록 화제는 다양하지만 한 책으로 묶어보아도 괜찮겠다는 생각이 들어 본 시론집을 출판하게 되었다.

필자는 조선족 문제를 접촉하면서 민족 사회가 당면한 많은 문제들을 사회 발전 과정에서의 '진통'으로 보아왔다. 하지만 '진통'이란 어느 정도 지나면 넘어가야 하는데 우리 사회는 아직도 '진통'의 아픔을 보지 못하고 계속 몸부림치고 있는 것 같아 많이 안타까웠다. 다른 한편 '진통'을 도전이라 할 때 도전이 있으면 기회도 있듯이 '진통'을 잘 극복하면 우리에게는 또 새로운 성장과 발전의 기회가 되리라고 확신한다.

본 시론집에 미약한 부분이 적지 않지만 시간적으로 20여 년이 넘고 주제가 다양하여 시기시기 조선족 사회 발전의 흐름을 파악하는데 일정한 도움이 될 것 같기도 하다. 원래 목차 순서를 주제별로 나누려고 하다가 관련 시기 파악에 편리함을 주려고 발표 시간에 따라 배열하였다. 그리고 약간의 중복되는 부분도 없지 않다. 독자 여러분들의 많은 지적 바라마지 않는다.

시론집이 출판되기까지 여러 곡절이 있었다. 다행히 역락출판사 이대현 사장님이 허락해주시고 이태곤 편집이사님이 출판에 많은 심혈을 기울여주서서 졸저 출판이 가능하였다. 이 기회를 빌어 이대현 사장님과 이태곤 편집이사님께 깊은 감사를 드린다. 아울러 졸저를 더 멋진 책으로 만들기 위해 노고를 아끼지 않은 임애정 대리와 안혜진 팀장께 고마움과 감사의 인사를 전한다.

2023년 6월
중국 북경에서

# 목차

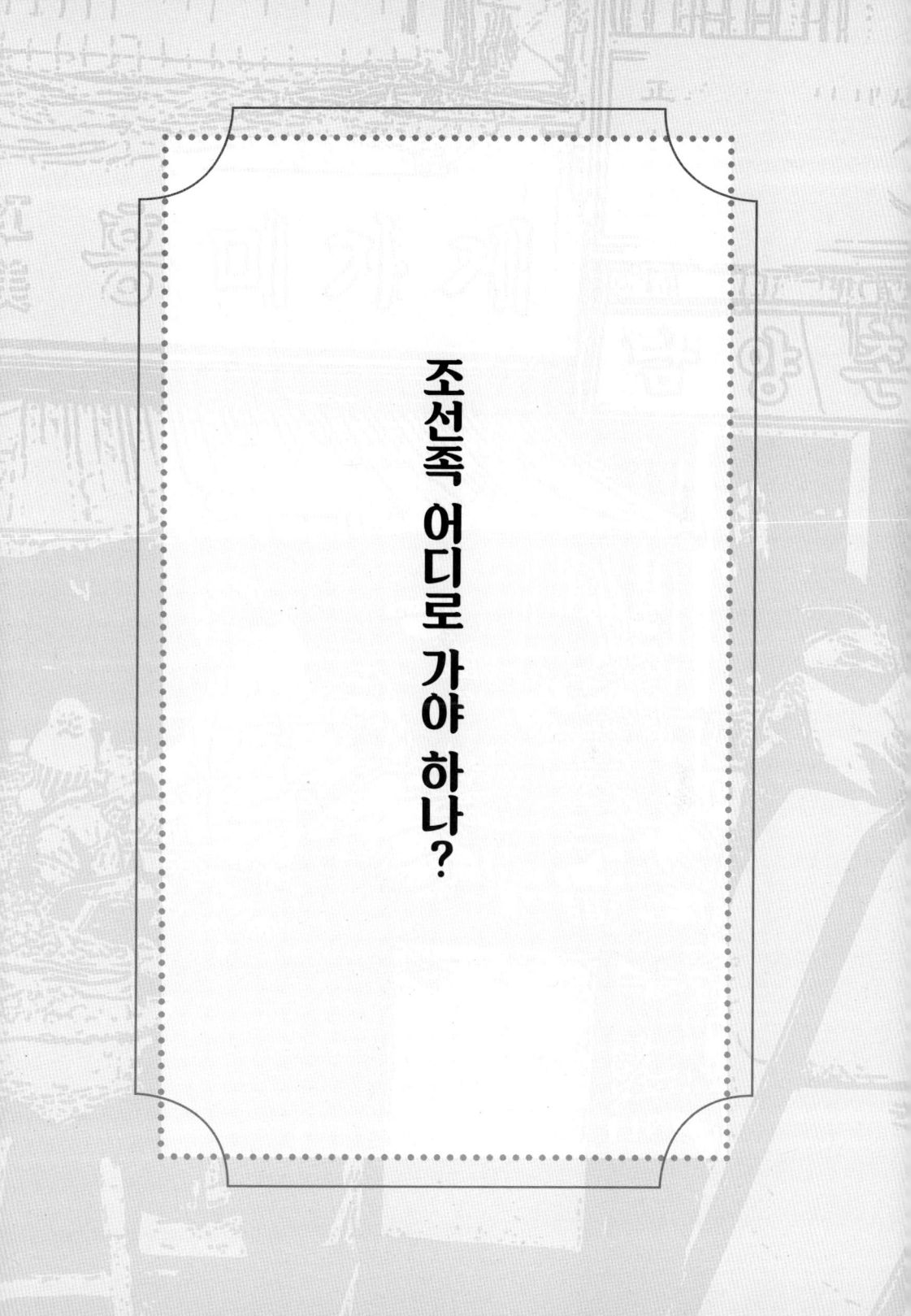

조선족 어디로 가야 하나?

# 한민족, 중국 국민

　이 지구상에는 크고 작은 민족과 민족 집단이 2000여 개나 된다. 이 가운데 인구가 5000만 명 이상이 되는 민족은 모두 16개이며 한민족은 그중의 하나이다. 반만년의 역사를 소유한 한민족은 한반도를 중심으로 같은 혈통, 같은 언어 및 공동의 역사운명하에 형성된 공동의 민족의식을 지닌 단일민족이다. 한민족은 기나긴 역사과정에서 고구려시대와 같이 한시기 이름을 떨친 적도 있었지만 더 많은 경우는 주변 민족들의 침략과 약탈을 더 많이 겪었다. 하지만 우리의 조상들은 그 어떤 상황하에서도 민족의 얼만은 고스란히 지키어 왔다.

　자고로 한반도는 한민족의 생활터전이었다. 근세에 들어서 제국주의 열강들의 영토분할과 세력범위의 다툼으로 더욱이 20세기 초 일본의 강점으로 하여 많은 동포들이 나라 잃은 슬픔을 안고 부득불 고향을 등지고 중국, 일본, 러시아, 미국 등 세계 각지로 흩어져 가 한때는 '떠돌이 민족'의 운명을 면치 못하였다. 그러나 한민족의 생활집념과 생존능력은 말할 수 없이 강하여 그 어려운 상황하에서도 당지(當地) 주민 못지 않게 살려고 피나는 노력을 하였고 또 그만큼 생활기반을 닦았다. 그리하여 그들은 일본에서 일본인의 배타적인 환경속에서 튼튼한 생활터전을 마련하였고 시베리아의 혹한속에서도 뿌리를 깊이 박았다.

중국 조선족의 경우도 역시 이러하다. 백여 년 전에 중국 조선족이 처음으로 중국 땅을 밟았을 때 그들을 맞이한 것은 황량하고 인적이 드문 허허벌판이었다. 그들은 자신의 피땀으로 황무지를 개간하고 수전을 만들어 중국 동북지역에 벼농사를 보급시켜 중국북방의 벼재배 역사에 빛나는 한 페이지를 적어 놓았다. 그리고 중국 조선족은 중국의 토지혁명, 항일전쟁과 해방전쟁 등 신민주주의 혁명사업에 적극 참여하여 위대한 업적을 쌓았을 뿐만 아니라 중화인민공화국 성립 후에도 중국의 사회주의혁명과 사회주의건설을 위하여 열심히 일하여 왔다.

중국 조선족은 중화민족의 일원으로 중국 기타 55개 민족과 같이 정치적 평등을 취득하였고 경제문화 발전의 혜택도 많이 받았다. 하여 중국 조선족의 정치, 경제, 문화교육 등 발전은 중국에서 비교적 앞섰으며 더욱이 교육보급 수준은 중국 각 민족 가운데 으뜸으로 가고 있다. 이러한 성과는 중국 조선족의 피타는 노력 그리고 중국공산당의 정확한 민족정책과 갈라놓을 수 없다. 현재 중국 조선족 인구는 200만 명을 넘어섰고 그들의 참다운 삶과 불타는 노력은 중국 사회에서 더욱 인정을 받고 있다. 때문에 중국 조선족은 그 역사나 현실을 볼 때 이미 중국 사회에 튼튼한 기반을 잡았으며 중국에서 민족의 특징을 보유 발전하는 동시에 중국 국민의 권리와 의무를 이행하고 있다고 말할 수 있다.

우리는 중국 국민으로서의 자부심을 지녀야 한다. 왜냐하면 첫째, 뿌리 없는 민족으로 될 수 없다. 중국 조선족은 자기의 노력으로 중국 사회에 이미 뿌리를 깊게 내렸으며 중국 문화에 적응하면서 조선, 한국과 차이점이 뚜렷한 중국 조선족 특징과 문화가 형성되었다. 이러한 상황 하에서 중국을 떠나면 곧 뿌리가 없는 민족으로 될 수밖에 없다.

둘째, 중국 국민의 행운감이다. 중국은 민족평등정책을 실시하여 각 민족이 자아 민족의 고유한 문화와 전통을 보전하는데 그치지 않고 힘껏 발전시킬 수 있는 가능성을 부여하였다. 이것은 재일조선인이 이미 일본에 생활터전을 완전히 닦아놓았지만 일본국민의 자격을 얻으려면 자기 족적을 포기하여야 하고 '귀화'하지 않으면 언제나 외국인 취급을 받아야 했던 처지와 비하면 말할 수 없이 우월하다.

셋째, 남북통일사업에서 특수한 '사명'을 지닌 자부심을 갖고 있다. 남북통일은 전체 한민족의 공동한 염원이다. 부동한 사상이념과 이데올로기로 대립된 남북은 몇 십 년 동안 서로 내왕이 없었다. 80년대 이후 냉전체제가 해체되면서 남북관계도 약간 풀리기 시작하였지만 대립과 불신의 장벽은 빠른 시일 내에 없어지지 않았다. 이때 중국은 남북접촉의 '중개지역'으로 되었고 중국 조선족은 동일 민족이란 점에서 남북교류의 특수한 유대역할을 하여왔으며 또 앞으로도 계속 해야 한다. 중국 조선족이 남북통일에 기여할 이러한 특수한 역할은 그 누구도 대체하지 못한다.

국제상의 탈냉전체제와 국내의 개혁개방정책은 중국 조선족으로 하여금 한국에 많이 다녀오게 하였다. 오랜 동안 폐쇄적인 환경에서 살아온 중국 조선족은 해외 나들이에서 많은 감촉을 받은 것은 당연하였다.

특히 이전에 서로 교류가 되지 않던 한국에 가서 그 비약적인 발전을 보았을 때 핏줄을 같이 한 민족으로 그 긍지와 자부심을 금치 못하였을 것이다. 이러한 와중에서 중국 국민이냐 실향민이냐 하는 것마저 얼버무리고 있는 사람들도 생기였다. 그러나 자신의 처지를 고려하지 않고 무조건 한국으로 쏠려 언행을 삼가치 않는 처사는 그릇된 일이며 근시안적이라 하겠다.

우리 모두 알다시피 비록 동일 민족이라 하지만 부동한 나라에서 생활하게 되면 그가 거주한 나라의 정치, 경제 및 문화의 다름으로 그들의 민족성격, 사고방식, 가치관 등이 자연적으로 변화되어 동일 민족간의 이질감도 점차 심화되기 마련이다. 예컨대 중국 조선족과 한국인은 동일한 민족으로 동포의식과 언어면에서 동일한 점이 적지 않다. 그리하여 중국에 진출한 한국사업가들은 중국 조선족과의 합작을 선호하였고 중국 조선족들도 한국기업에 많이 들어갔다. 처음에는 다 같은 민족이고 언어도 통하여 서로의 기대감이 아주 높았다. 그러나 정작 같이 사업하면서 이내 이질감이 크다는 것을 느끼게 되었으며 갈등도 심하여 서로의 불신과 불친절을 자아내는 사건이 적지 않게 나타났다.

다른 한면으로 볼 때 한국 실정도 해외 조선인들을 모두 수용할 여건도 못된다. 오히려 거주국국민으로 현지에서 삶을 개척할 것을 희망할 것이다. 왜냐하면 이것은 해외 조선인들이 한국의 '무명 대사', '무명 사자' 역할을 할 수 있기 때문이다. 60년대부터 한국 정부는 국민들을 직업훈련 시켜 해외로 이민을 많이 보낸 사실도 이를 말하여 준다.

귀납하여 말하면 중국 조선족은 중국 국민으로 자부심과 긍지를 갖고 중국 사회에서 자리를 더욱 굳게 다지는 일이 무엇보다 솔선적인 임무이다. 다음에는 민족의 동질성이란 우월한 여건을 발휘하여 한중 양국의 교류에 '이중사자'로 기여를 하여야 한다. 그리고 고국의 남북통일사업에서 중국 조선족이 처한 특수한 위치를 활용하여 민족통일사명의완수에 힘을 이바지 하여야 한다. 지금의 세계는 국제화시대로 향하고있다. 정서적인 민족적 감정에 들떠 전전긍긍하다가는 시대의 낙오자로될 수밖에 없다.

『흑룡강신문』, 1995.3.21.

# 조선족 사회의 급속한 인구 이동

개혁개방 이후 조선족 사회의 변화 가운데서 인구 이동이 급속해지는 것이 또 하나의 뚜렷한 현상으로 관찰된다.

예전부터 조선족은 단일한 벼농사에 만족을 느끼고 비교적 안정된 생활을 영위해왔다. 개혁개방 이후 많은 조선족 농민들이 끊임없이 단일한 농업생산에서 이탈하여 도시로 진출하였다. 도시경제체제개혁과 도시문호개방, 엄격한 호적제도의 풀림은 또한 객관적으로 농촌 인구 이동에 조건을 마련해주었다.

조선족 농민들은 향촌(鄕村)에서 도시로, 소도시에서 대중도시로, 동북 전통적인 집결지역에서 산해관 이남지역으로 다량 이동하였다. 처음 조선족 여성들에 의하여 전통음식 난전(亂廛), 시장 소매 등 소규모 장사로부터 시작된 것이 후에는 음식점 나아가서는 유흥업과 기업 등을 경영하든가 한국 기업에 취직하는 형식으로 조선족 농촌 인구는 계속 줄어들고 대중도시로 진출한 조선족 인구는 많아지고 있다.

요해(了解)에 따르면 동북3성 조선족이 산해관 이남지역으로 진출한 인구는 20여 만 명이 되는데 이는 중국 조선족 총인구의 10분의 1에 해당된다. 동북지역내의 조선족 인구 이동수도 적잖다는 사실은 감안한다면 현재 조선족 인구 이동의 폭이 상당히 큰 것이다.

조선족 인구의 엄청난 이동은 조선족 지역, 특히 농촌 지역에 가보면 더욱 절감할 수 있다. 예를 들면 흑룡강성 영안시 조선족향촌의 총노동력 가운데 촌을 떠난 사람이 35%를 차지하고 명성조선족촌의 280여 호 가운데서 온 가정이 몽땅 촌을 떠난 것이 79호나 된다. 길림성 구태시 홍광조선족촌의 387호 가운데 50호가 촌을 떠났고 400여 명 노동력 가운데 촌을 떠난 사람이 절반을 차지한다. 그리고 길림성 연변조선족자치주의 80여 만 조선족 가운데 타 지역에 나간 인구가 7-8만명 되고 자치주내의 이동도 아주 빈번하다.

조선족 인구 유도(誘導)의 규모가 국내 여러 민족의 앞장에 서 있는 사실은 아래의 숫자에서도 볼 수 있다. 1996년 흑룡강성의 924개 민족촌의 총노동력(소수민족노동력이 71.8%) 가운데 반년 이상 외지에 나가 있는 노동력은 9.7%이지만 전 성 491개 조선족촌 총노동력(소수민족노동력이 96.1%) 가운데 반년 이상 외지에 가 있는 노동력은 19.4%에 달한다. 이에 비해 283개 만족촌(소수민족노동력 54.2%)은 4.2%이고 44개 다후얼족촌(소수민족 노동력 46.1%)은 2.5%밖에 안 되며, 13개 회족촌(소수민족노동력 67.2%)은 6.1%밖에 안 된다. 또한 전 성 924개 민족촌에서 외지에 나간 노동력 3만여 명 가운데 491개 조선족촌의 노동력이 2만 2630명, 즉 75.4%를 점했다.

조선족 인구 이동의 또 하나의 현저한 특징은 한국을 비롯한 해외 진출이다. 80년대 중반 이후 중국의 개혁개방이 날로 심화되고 국제정세가 날로 완화됨에 따라 조선족은 지연, 인연 및 언어 등의 장점을 발휘하여 해외 진출을 하기 시작하였다.

처음에는 대부분 친척 방문으로 한국에 간 기회를 빌어 약을 팔기 시작한 것이 후에는 점차 일자리를 찾아 돈을 벌었다. 90년대에 와서는 해외 노무수출이 활발해지면서 조선족들이 해외에 많이 진출했는데 현재 한국, 러시아, 일본, 리비아, 사이판 등 10여 개 국가와 지역에서 노무에 종사하고 있는 조선족이 수만 명이나 된다.

그중에서도 흑룡강성의 조선족들이 앞장서고 있는데 1996년말까지 목단강지구에서 해외 노무로 간 사람들이 연인원 3만 명에 달하고 1996년에만 해도 1만 1600여 명이 해외에서 노무에 종사하고 있다.

연변조선족지치주에서는 1997년초까지 해외에 나간 각종 노무일군이 연인원 3만 1000명에 달하고 현재 해외에서 노무에 종사하고 있는 사람 6500여 명 가운데 조선족이 81%를 차지한다.

길림성 구태시 홍광촌에는 한국에 다녀온 사람이 200여 명 되고 현재 한국에서 일하고 있는 사람이 78명이다.

요녕성 심양시 교외 만융조선족촌에는 한국에 간 적이 있는 사람이 연인원 100여 명에 달하고 현재 한국, 미국, 일본, 독일 등 나라에서 일하고 있는 사람이 수백 명이 된다고 한다.

이외 최근 몇 년 간 혼인형식으로 출국한 조선족 여성들의 숫자가 많아지고 있다. 중국 주재 한국대사관 영사부가 공고한 자료에 의하면 1993년 혼인형식으로 한국에 간 조선족 여성이 143명, 1994년에는

1995명, 1995년에는 7693명으로 늘어났고 1996년에는 1만 명을 초과
했다고 한다.

<길림신문>, 1998.4.9.

# 계획성 결여의 비미래지향성 소비 경향

개혁개방 이후 조선족 사회의 경제 발전이 빨랐고 그들의 생활 수준은 전에 없이 제고되었다. 그러나 조선족의 비계획적인 소비 경향은 조선족 사회의 경제 생활에 불리한 영향을 초래하였다.

조선족의 경제 생활에서 계획성이 결핍하고 생산보다 소비가 앞선 경향이 심하였다. 개혁개방이전 논농사 위주인 조선족 농민들의 생활은 밭농사 위주인 주위 한족(漢族)들보다 더 윤택하였으나 돈은 있는 대로 다 써버리는 경향이 있어 저축은 거의 못하였다. 이에 비해 한족들은 수입은 조선족보다 적었지만 저축만은 언제나 조선족을 초과하였다. 그리하여 조선족의 생활은 한족들보다 풍요하게 보였지만 급한 일이 있을 때에는 언제나 조선족이 한족들의 돈을 빌려 쓰는 경우가 많았다.

생산보다 소비를 선호하면서 점차 '놀자주의', '먹자주의', '향락주의' 등 성향이 한족들보다 더 짙어졌다. 현재 조선족은 전통적인 명절놀이 이외에 3·8국제부녀절, 6·1국제아동절 등 정치색채를 띤 기념일도 모두 모여 노는 날로 변하였으며, 사회적으로 노인 공경의 풍기(風氣)

를 세우기 위하여 규정한 8·15노인절 등도 노는 날로 변모해버렸다. 이러한 기념일에 한족들은 아무런 행사도 하지 않지만 조선족 마을에서는 적어도 하루는 모여서 마시고 노는 풍습으로 변하였다.

필자가 몇 해 전에 흑룡강성의 한 조선족 마을에 갔을 때 일이다. 조선족들과 한족에 대한 화제를 논의할 때면 보통 '한족은 놀 줄 모른다', '집은 허술하여도 돈은 있다', '일전 한 푼도 망탕 쓰지 않는다'고 입을 모으나 대부분이 '죽어도 한족처럼 살지 않겠다'고 말하였다. 심지어 '우리는 금년 3·8부녀절에 1인당 100원을 모아 며칠을 놀았다'고 자랑스럽게 말하는 이도 있었다. 필자는 또 그 마을에 몇 가구 되지 않는 한족과 조선족에 관한 화제를 나누었다. 한족들은 조선족은 낙천적이며 잘 마시고 잘 놀며 돈을 잘 쓴다고 말한다. 또 반면에 돈을 있는 대로 다 쓰고 급한 일이 생기면 자기네한테 돈을 빌려 쓴다고 말하기도 하였다.

1990년대 이후 조선족 가운데 한국을 비롯한 국외노무에서 많은 외화를 벌어 온 이도 적지 않았다. 그러나 많은 사람들은 국외에서 힘들게 벌어 온 돈을 더 많은 부의 축적을 위하여 투자하지 않고 비생산성 소비에 많이 지출하였다. 이들은 도시에 주택을 마련하고 할 일 없이 흥청망청 날을 보내는가 하면 농촌에서는 매일 마시고 놀면서 돈만 낭비하였다. 해당 기관의 소개에 의하면 90년대 말 목단강시의 조선족 농촌에서 국외 노무 송출의 연인수 6000여 명이 벌어 온 외화도 몇 천만 달러가 되지만 직접 생활소비에 들어 간 액수가 전체의 1/3에 달하였다. 이러한 소비 경향은 벌어온 돈을 거의 한족들 손에 들어가면서 또 한족들의 미움을 받는 경우도 있다. 예컨대 조선족은 돈이 좀 있다고 시내에 들어와 무조건 집을 사는 바람에 "꼬리빵즈가 집값을 올렸다"고 현지의 한족들이 말한다.

그리고 조선족의 비생산성 소비 성향은 한족들의 말에서도 반증이 잘 된다. 지난 1990년대 말 현지 조사 때 필자는 연변조선족자치주정부의 한 부문의 한족책임자와 이야기 나눈 적이 있다. 이 한족간부는 '이곳의 휴대폰 소유자, 택시이용자와 노래방 출입자가 대부분이 조선족이다'고 말하였다. 연길에서 한족 택시기사와의 대화에서 그는 '조선족이 택시를 타지 않으면 우리는 굶는다'고까지 말하였다.

돈을 과다하게 쓰다 보니 사람들이 나태해지고 향락주의에 빠진다. 이러한 경향은 농사일에서도 나타나고 있다. 현재 많은 조선족 농촌에서는 논갈이부터 정미까지 삯꾼을 사용한다. 농번기나 또는 논이 많으면 부득이 삯꾼을 쓴다하겠으나 문제는 대부분이 때 없이 삯을 내어 농사를 짓는다. 심지어 그 한가한 여름철에 비료 주고 논둑풀 베기까지 삯주고 맡긴다. 170여 가구가 사는 길림성 반석현의 어느 조선족 마을에서 일 년에 삯군요금이 30만원으로 가구당 1700여 원에 달하였다. 조선족이 1390여 가구인 흑룡강성 상지시 하동조선족향에서 한해에 삯값이 340만원에 달하며 이는 가구당 2000여 원에 달한다. 조선족들이 이렇게 돈을 잘 써서 조선족 마을 부근의 한족들은 조선족 마을을 하나의 수입원으로 날마다 여기에 모여 일을 기다리는 모습을 자주 볼 수 있다.

농촌에서 조선족은 말이 농민이지 그들은 과거의 '지주'보다 더 편하게 보내고 있다. 그들은 농사일뿐만 아니라 마당의 나무 땐 재를 치고 변소를 치는 일까지 삯 주고 맡긴다. 때문에 그들에게 게을러지는 성향이 더 깊어지기만 하였다. 흑룡강성의 어느 마을에서는 도시에 10여 원 되는 채소를 사려고 왕복 택시요금 40-50원이나 쓰는 일도 있을 정도로 조선족들의 소비에는 비생산성 경향이 이처럼 심하였다.

그럼 조선족에게 왜 이런 소비 경향이 생겼을까? 필자는 이 같은 경향을 이민성에서 많이 찾아 볼 수 있다고 생각한다. 아시다시피 중국 조선족은 한반도에서 이주 온 집단이다. 이주민족으로 조선족 선조들이 중국으로 이주하기 시작한지는 백여 년 밖에 되지 않아 중국 조선족의 역사는 중국 기타 민족에 비해 길지 않다. 그리고 공식적인 정착으로 볼 수 있는 시기는 중화인민공화국 건립 이후라고 할 수 있기 때문에 중국 조선족의 뿌리가 깊지 못하고 이민 특성이 아직 농후하게 남아 있다. 그 표현으로

첫째, 조선족선민들이 그때 당시 생활적, 정치적 상황으로 중국 동북 지역에 이주하였으나 그들의 마음속에는 항상 때가 오면 고향에 돌아 갈 것이라고 믿고 있었고 중국에 정착하려는 경향은 거의 없었다고 할 수 있다. 때문에 그들 대부분이 스스로를 영주 이민자로 규정하기 보다는 "일시적으로 불가피하게 이주한, 그러나 언젠가는 돌아갈 사람"으로 간주하였다.

둘째, 중국에 이주하여 왔지만 당시 일제의 침략, 현지 토호(土豪)들의 착취, 그리고 비적들의 침습 등으로 내일에 대한 불안으로 나날을 보내었기 때문에 자산을 축적하지도 못 했을 뿐만 아니라 축적하려고도 하지 않았을 것이다.

셋째, 중화인민공화국의 건립과 더불어 공식적으로 중국의 국민이

된 조선족은 중국에 종국적으로 정착되었지만 그들의 혈관 속에는 한민족의 피가 흐르고 한반도에 대한 향수(鄕愁)가 깊다. 특히 중국 조선족 1세(현재 그리 많지는 않지만)들은 죽어서 뼈라도 고향에 묻을 수 있다면 하고 애탄을 하는 분이 적지 않았다.

중국 조선족의 이러한 이민성은 그들의 경제 생활에서 미래지향성보다 단기안목의 행위를 더 나타내었다. 그리고 1990년대 이후 중국 조선족의 한국 등 해외 진출이 잦아지면서 국외의 유흥, 향락문화의 침습도 적지 않게 받아 이것이 조선족 소비 성향에도 많은 악영향을 끼쳤다.

이와 같이 중국 조선족은 이민(移民)집단으로 어려운 환경에 잘 적응하는 능력을 지니고 있는 한편 이민(移民)의 특성을 많이 띠었다. 이민성에는 내일을 생각하지 않고 현시를 중요시하며 즉시 향락(享樂)하는 경향이 짙다. 이러한 이민성은 조선족의 소비 문화에서도 여실히 나타내고 있다. 위에서 언급한 저축성이 약하고 생산성 투자보다 소비성 비용이 더 많으며 내일을 생각지 않고 즉시 향수(享受), 즉시 행락(行樂)하는 생활방식 등은 이민성의 노출이라고 할 수 있다. 즉 미래에 대한 불확실성은 조선족들로 하여금 오늘의 생활에 집착하고 내일을 생각하지 않은 소비 경향을 짙게 하였다.

<연변일보>, 1999.9.9.

# 조선족 도시 민족 교육의 출로
## ─ 중앙민족대학 부속소학교와 손잡은 사례에서

1990년대 이후 조선족들이 동북집거지역을 떠나 산해관 이남으로 많이 진출하였는데 불완전한 통계에 의하면 20만 명을 초과한다고 한다. 이는 조선족의 사회활동 영역과 문화 영역을 넓히었고 만족경제 실력의 강화에 크게 이바지하였으며 매개인의 생활에도 보다 많은 혜택을 주었다. 그러나 인구 이동에 따른 문제점도 적지 않게 노출되고 있다. 이 가운데 도시에 진출한 조선족 가정의 자녀들의 교육 문제가 날로 심각한 문제로 나서고 있다.

원래 동북집거지역은 농촌 조선족 가정의 자녀들은 대부분이 조선족 학교에 다녔고 도시의 조선족들도 조선족 학교에 많이 다녔다. 그리고 한족 학교에 다녀도 주위 환경과 가정 환경으로 민족 문화의 습득은 어느 정도 실현되었다. 그러나 산해관 이남 지역에는 조선족이 적을 뿐만 아니라 조선족 학교도 없어 민족 교육을 진행할 수 없었다.

주지한 바와 같이 민족학교가 없는 곳에서 민족 언어 문자교육은 거의 불가능한 것이다. 산해관 이남지역으로 진출한 조선족 가정의 자녀들은 부득불 한족 학교에 다니게 되었으며 그들이 민족 언어 문자를 습득할 기회는 거의 없었다. 언어 문자는 민족의 주요한 특징인바 그의 상실은 민족성의 상실과 한족화의 과정을 재촉한 것과 다름이 없다.

도시 조선족 후세들에게 민족 언어 문자와 전통 문화를 배워주기 위하여 많은 지성인들이 심혈을 기울였다. 80년대 말기 중앙민족대학 황유복 교수가 선도한 북경조선어학교(현재 북경한국어학교로 개칭)의 설립을 계기로 민족 교육기관이 도시에서 꽃을 피우기 시작하였다. 도시의 민족 교육기관은 없던데로부터 지금은 북경시조선족소학교—북경시 통주구 장백소학교, 천진새별조선족소학교 등 민족학교가 정식 운영을 하고 있으며 북경한국어학교는 심양, 길림, 장춘, 할빈, 목단강, 단동, 위해, 석가장 등 도시에 분교를 세워 민족 언어 문자교육에 몰두하고 있다.

도시 조선족 교육의 또 하나의 출로로 현지 한족 학교와 연합하여 민족 교육의 장소를 만드는 사례가 최근에 중앙민족대학 부속소학교에서 나타났다. 중앙민족대학 부속소학교는 국가교육부가 지정한 <미래 기초교육과정 연구>의 실험소학교로 교학의 질은 해정구 실험소학교보다 수준이 높다는 평판이 있다. 1999년 6월 북경의 조선족 유지인사들은 이 학교와 조선족 학생들이 입학찬조금은 내지 않고 여기에서 공부할 수 있도록 먼저 합의를 보았다. 그리고 이사회를 내와 민족 교육운영과 자금조달 등 역할을 담당하였다. 이사회에서는 자금을 조달하여 기숙사와 식당 등 생활시설을 마련하고 학생들이 기숙사 생활을 할 수 있도록 시설을 갖추어 놓았다. 학생들이 내는 비용은 한 학기에 소학생은 3500원, 중학생은 4500원이다. 여기에는 부속소학교에 내는 의탁수업비(借讀費) 1000원, 식비와 기숙사 운영, 민족 교육인력 등 비용이 포함된다.

현재는 조선족 학생 단독반을 꾸리지 않고 각 반에 배치하여 공부하는 형식을 취하고 있다. 정식 수업이 끝난 다음 조선족 학생들이 한곳에 모여 조선어문과 민족 전통 문화를 배우는 기회를 마련하였다. 현재 중앙민족대학 부속소학교 교문에는 왼쪽에 중문으로, 오른쪽에는 조선문으로 된 학교간판이 걸려 있는데 1999년 가을학기에 처음으로 모집한 65명의 조선족 소학생들이 여기에서 공부하고 있다.

그리고 학부모들이 걱정하는 소학교에서 중학교로 진학하는 문제도 이미 해결이 되었다. 상술한 65명 가운데 4명은 이미 중학교에 다니고 있다. 나아가서 지금 황유복 교수가 추진 중인 직업기술도 배울 수 있고 학력수여도 가능하며 창의력과 국제감각을 가진 인재육성을 주요 목적으로 한 사립대학이 설립되면 여기서 공부하는 조선족 학생들의 고등교육과 기술교육을 접하는 길도 열리게 될 것이다.

현지의 교육질이 좋은 학교와 연합하여 민족 교육의 장소를 마련하는 이러한 방식은 도시 조선족 교육의 하나의 좋은 출로라고 볼 수 있다. 이런 방식의 우세는 첫째, 조선족 학생들의 학습질과 자질을 높일 수 있고 둘째, 호구 없어도 쉽게 상급학교에 진학할 수 있으며 셋째, 도시에 진출한 학부모들의 부담을 상대적으로 줄일 수 있으며 넷째, 조선족 학생들의 시야를 넓히고 사회 교제의 범위를 넓히는데도 아주 좋은 기초를 닦을 수 있다.

그리고 이러한 민족 교육 방식은 도시에서 민간적으로 단독 조선족 학교를 꾸리는 과정에서 공식허가를 얻기가 어렵고 학교 건물을 마련하는데 많은 자금이 들며 학부모들의 부담을 가중시키며 교학질이 그 도시의 높은 수준에 닿지 못하는 등의 문제를 극복할 수 있다.

상술한 점에서 볼 때 현지 질 좋은 한족 학교와 연합하여 그 우세를 이용하여 민족 교육을 진행하는 길은 도시 조선족 민족 교육과정에서 창조한 좋은 경험이자 출로라고 생각한다.

희망컨대 현재는 하나이지만 앞으로는 많은 도시에서, 또 한 도시에서도 여러 개의 이런 민족 교육의 장소가 출현되었으면 한다. 그때가 되면 서로 경쟁도 되고 학부모들이 선택할 여유도 있어 도시 조선족의 민족 교육이 더욱 효과 있게 진행되고 더욱 열매를 맺을 것이다. (아쉽게도 얼마 되지 않아 중앙민족대학 부속소학교가 타교에 합병되면서 조선족부가 막을 내렸다.)

<민족단결>(현 중국민족) 1999년 제6기

# 시대에 적응한 교육만이 민족 발전의 진정한 동력
## ― 조선족의 지속적인 발전을 위한 민족 교육

## 1. 민족 교육 발전의 회고(回顧)

민족 교육은 민족의 발전과 민족적 지위를 향상하는데 제일 중요한 부문의 하나이다. 과거 중국 조선족의 민족 교육 실천이 이를 여실히 증명하고 있다. 이주 정착 시기 그 어려운 환경 속에서도 중국 조선족 선민(先民)들은 자녀들의 교육을 소홀히 하지 않고 마을이 생기는 대로 서당과 학교를 세워 반일교육을 비롯한 민족 진흥 교육과 민족 문화 교육을 꾸준히 하여왔다. 그때 민족 교육을 받은 사람들이 중국신민주주의혁명의 각 시기의 투쟁에 적극적으로 참여하고 많은 피땀을 흘려 조선족이 중국에서 뿌리내리고 자기의 위치를 확고히 하는데 크게 기여하였다. 또 그 사람들이 중화인민공화국 수립 이후 정부기관을 비롯한 각 분야에서 활약할 수가 있었다.

1945년 중국 동북지역이 해방된 후 비교적 안정한 분위기 속에서 조선족 사회는 민족 교육 발전에 더욱 심혈을 기울였으며 조선족 지역에서는 민영(民營) 중, 소학교가 우후죽순 마냥 일떠섰다. 그때의 민족교육이 낳은 결실이 바로 현재 과학연구, 문화교육 등 영역에 우리 민족의 유능한 일군들이 많이 분포되어 있다는 사실이다.

그리고 우리 민족이 교육을 중요시하고 심혈을 기울여 노력하였기 때문에 1950년대에 벌써 초급중학교 교육까지 보급시켰다. 그 결과로 우리 민족의 만 명당 대학 학력 소유자와 고등학교 학력, 중학교 학력 소유자의 수가 90년대까지 중국 각 민족 가운데서 으뜸의 자리를 차지하였다. 민족 교육의 발전은 중국 조선족 사회 발전에 크게 기여하였을 뿐만 아니라 중국에서 기타 민족이 부러워하는 우수한 민족으로 발탁할 수 있는 계기로 되었다.

민족 교육 실천은 또 교육은 일정한 시간적 주기성을 지니고 있으며 교육의 결실은 이내 나타나는 것이 아니기 때문에 장기적 차원에서 교육을 파악해야지 눈앞의 이익에 어두워 교육을 소홀히 할 경우 그 엄중성은 미래에까지 파급된다는 점을 우리에게 제시해 주었다.

## 2. 민족 교육의 고민

이전까지 농촌 마을을 토대로 꾸준히 발전하여 온 중국 조선족의 민족 교육도 개혁개방 이후 급속한 사회 변화 속에서 전에 없는 시련을 겪고 있다.

우리 민족은 오래 전부터 자녀 교육을 중요시하고 이에 전력해 왔다고 자부하였는데 시장경제와 더불어 가속화 되어 가고 있는 도시 진출,

해외 진출 가운데서 경제적 타산에만 몰두하고 자녀 교육을 등한시하는 경향이 점차 심해져 가고 있다. 수많은 아이들이 부모들의 도시와 해외 진출로 그 중요한 가정 교육도 부모의 직접적인 교육을 받지 못하고 친지에게 위탁한 기형적인 가정 교육에 의탁하지 않으면 안 되었다.

그리고 이전의 민족 교육의 기본 장소인 농촌 마을이 급속한 인구 이동으로 규모가 점점 줄어들거나 또 무너지는 바람에 민족 교육의 기초가 약화되고 있다. 농촌 인구의 이동은 노동력뿐만 아니라 그들의 자녀들까지 포함되어 있으므로 농촌학교의 학생내원을 감소시켰다. 또 인구 이동 가운데 혼육기(婚育期) 연령층이 대다수를 차지하므로 그들의 도시 진출, 해외 진출은 농촌 인구 출생률을 크게 하락시켜 농촌학교 학생내원을 더욱 고갈시키고 있다. 학생내원의 급격한 감소는 많은 농촌학교가 축소되고 폐교되는 현상을 초래하였다.

농촌학교가 무너지고 교학수준의 하강은 조선족 학령 아동들로 하여금 한족(漢族)학교에 많이 다니게 하였다. 그리고 중국 조선족이 집거(集居)한 동북지역에서 도시 진출 가정의 자녀들이 조선족 학교에 쇄도하여 도시 조선족 학교의 과분한 팽창을 초래하였고 또 많은 조선족 학생들의 한족 학교 입학은 민족 문화 교육의 결핍으로 민족성 상실을 가속화시키고 있다. 그리고 농촌학교의 분포망 조절로 인한 거리상 멀고 기숙 등으로 지출도 많은 원인 때문에 학업을 끝마치지 못한 채 중퇴하는 학생이 많이 생겨 민족 성원들의 소질 제고를 방해하고 있다.

교원들도 시장경제 조류를 타고 학교를 떠나 도시 또는 국외 진출하여 원래 확고하지 못한 교원대오가 더욱 불안정화 되어가고 있으며 조선족 교원들의 사업에 대한 애착과 교학 연구열도 한족 교원들에 비해 너무 약하였다. 그리고 교수 내용에서 입시 교육만 중시하고 소질 교육을 소홀히 하였고 이중 언어 교육에서도 한어 교육이 아주 부족함을 보여주고 있다. 이러한 요소들은 조선족 학교의 인기와 흡인력을 감소시켰으며 민족 교육의 경쟁력 약화를 초래하였다.

민족 교육 과정에서 민족의식 교육, 즉 민족 정체성 교육과 민족 정신 교육이 아주 결핍하므로 민족 교육을 통하여 민족의 자부심과 자신심을 키우는 역할을 원활히 담당하지 못하였다. 한마디로 말하면 현재 우리의 민족 교육은 심한 진통을 겪고 있다.


## 3. 조선족이 살아남으려면

한족(漢族)이 절대 다수 차지하는 다민족국가인 중국에서 기타 민족이 자아민족의 생명력을 과시하면서 살아남자면 반드시 민족성을 부여한 우수한 민족으로 부상하여야만 가능하며 이 관건적인 역할은 민족 교육만이 담당할 수 있다. 현재 우리의 민족 교육이 봉착한 심각한 문제를 해결하기 위한 필자의 제안은 아래와 같다.

(1) 민족 경제 기초를 튼튼히 닦아야 한다. 민족 경제는 민족 교육 발전의 기본적인 토대이다. 민족 경제가 건실하게 발전하면 민족 교육 과정에서 봉착한 학생내원 감소문제, 분포망 조절 문제 등을 비롯한 허다한 문제들을 쉽게 해결할 수 있다. 다른 한 방면 경제 발전이 과학기술에 대한 의뢰성이 크면 클수록 교육이 경제 발전에 대한 역할이 더 뚜렷

하다는 점을 잊어서는 안 된다.

(2) 민족 교육의 방향 정립이 중요하다. 중국에서 한족을 제외한 기타 민족의 교육은 순수한 민족 교육으로 될 수 없다. 이것은 소수민족들도 중국 사회와 문화에 적응해야 하기 때문이다. 그러므로 민족 교육도 먼저 민족 성원들에게 중국 사회에서 생존할 수 있는 능력과 기능을 키워주는 것이 무엇보다도 중요하고 필요하다. 다시 말하면 민족 교육을 통하여 민족 의식과 민족 문화를 부여할 뿐만 아니라 돈 버는 재간도 가르쳐서 민족학생들의 사회경쟁력을 키워주어야 한다.

(3) 민족 정신 문화 교육을 강화하여야 한다. 민족 교육의 한 내용으로 민족과 민족 문화의 우수성을 과시하는 내용을 보완함으로 조선족이란 의식과 민족의 얼을 깊게 심어주는 것이 매우 필요하다. 왜냐하면 조선족을 볼 때 민족적으로 많은 우수성을 소유하고 있으나 과거 우리 민족 교육에서 이러한 우수성을 학생들에게 제대로 전수하지 못하였다. 민족의 많은 성원들이 자기 민족의 우수성을 파악할 기회가 없고 자기 민족의 저력을 못 느끼면 자연적으로 민족적 허무주의와 비관주의에 빠져버리는 경향을 초래하게 된다. 우리는 민족 교육을 통하여 우수한 민족 문화를 홍보하고 민족의 긍지심과 자신심을 각각의 개인에게 심어주어 민족 성원 모두가 사회 생활에서 당당한 조선족으로 민족 발전을 위하여 모든 힘을 발휘하도록 해야 한다.

(4) 소질 교육을 강화하여야 한다. 이전까지 민족 교육도 입시 교육에만 집착하고 학생들의 소질 교육과 기능 교육을 소홀히 하였다. 이 폐단은 지금에 와서 아주 뚜렷하게 나타나고 있으며 그 단적인 예로 사회

에 진출한 조선족 청년들은 학력에서는 한족들보다 우수하지만 기능장악면이 아주 약하여 취업에서는 한족들보다 썩 못하다는 사실을 들 수 있다. 때문에 우리 교육에서도 소질 교육을 중요시하고 학생들의 기능교육에 힘을 기울려야 하고 직업기술 교육도 강화하여야 한다. 조선족 경제가 아직 농업위주인 사실을 감안하여 직업기술 교육에서 먼저 농업기업화에 적응할 수 있는 기술, 경영인재를 많이 육성하여야 하고 이어서 비농산업의 기술, 경영인재의 육성에도 중시를 돌려야 한다.

(5) 이중언어 교육 가운데서 한어 교육도 더 강화하여야 한다. 조선족 학교 졸업생들이 한어 구사 능력이 약하여 사회 진출에서 지장을 받는 사실이나 많은 조선족 학생이 한족 학교에 다니게 되는 주요한 원인의 하나가 조선족 학교의 한어 교육이 따라가지 못하는데 있다. 때문에 현재 조선족소학교에서 2, 3학년부터 설치하고 있는 한어문과를 1학년부터 개설하며 한어문교재도 개혁하거나 또는 한족 학교어문교과서를 직접 사용하여 조선족 학생들의 한어 능력 제고에 힘을 기울려야 한다.

(6) 인구 이동과 도시화 과정에서 조선족의 활동영역은 확대되었지만 도시 산거(散居)지역의 조선족청소년들에게 민족 문화전수는 더욱 어렵게 되어가고 있다. 하지만 민족 동화를 방지하자면 민족 교육을 실시하여야 한다. 그 형식으로 새로운 민족학교를 세우는 것도 중요하지만 현지 학교와 합작하여 민족 교육의 장소를 마련하는 것도 출로의 하나이며 조선족이 많지 않은 대·중 도시에서는 민족 언어와 민족 문화교육을 위한 '주말 학교', 조선어 강습반 등을 꾸리는 작업도 매우 필요하다.

(7) 민족 교육의 발전을 위하여 관련 문제에 대한 체계적이고 깊은 연구가 필요하다. 먼저 기초 작업인 전면적인 조사를 진행하여 민족 교육의 현황과 문제를 깊이 파악하여야 한다. 이러한 공정은 개인적인 행위로서는 절대 담당할 수 없으므로 해당 부문들의 주체로 각 분야의 인원들을 조직하여 진행하여야만 가능하다. 이러한 작업을 진행한 기초 위에서 상응한 대책을 강구하여 민족 교육의 참다운 발전을 도모하여야 한다.

총적으로 우리 민족이 직면한 동화의 위협을 피면하고 격렬한 경쟁 속에서 살아남자면 꼭 우수한 민족으로 발탁하여야 하며 또 선진민족으로 부상할 수 있는 희망은 민족 교육의 발전에 있으므로 민족 교육은 반드시 개혁을 통하여 민족 발전과 시대에 적응하는 교육이 되어야 한다.

2000년 2월

# 중국 조선족의 국제회복 문제에 대하여

언제부터인가 다수의 재중동포가 한국에 들어오면서 한국의 재외동포정책 변화의 하나의 큰 변수로 되었다.

얼마 전 일부 시민단체들이 거행한 '국적회복운동'에서 '고향에 와 살 권리가 있다'고 호소하면서 농성하는 불법체류자들이 있는가 하면 또 '조선족 불법체류자 사면운동'을 구상하면서 정부에 압력을 주는 등 현재 재한조선족의 거취를 놓고 많은 물의가 일고 있다. 그래서 대한민국 국회는 해외동포법 수정안을 얼마 전에 통과시켰고 법무부에서는 재한 중국 조선족 문제의 해법으로 중국 동포 한국 국적 확대부여의 '새업무지침'을 시행하기로 결정하였다.

이에 따라 법무부가 제시한 조건에 부합되는 일부 재중동포 가운데서는 '국적회복'을 서두르고 있다. 이러한 한국 정부의 장기적 안목이 없는 불투명한 중국 조선족에 관한 정책과 재한 중국 조선족들의 감상적인 '동포정서'에 집착하는 모습을 보면 답답하고 안타까운 마음이 앞선다.

먼저 한국 정부의 불확실한 재외동포정책은 중국 조선족 사회의 혼란과 위기를 부추기고 있다. 중국 조선족은 한국과의 교류에서 경제적으로 많은 혜택을 받았고 현재도 받고 있다.

하지만 한국 정부의 일관성이 없고 명확하지 못한 동포정책은 중국 조선족의 한국으로의 입국을 힘들게 만들고 오는 사람들은 부득불 고액의 자금을 브로커에게 주면서 한국행을 시도하거나 심지어 생명을 무릅쓰고 밀입국을 하였으며 한국에서는 또 불법체류자의 신분으로 매일매일 마음을 졸여야 했다. 그리고 갈라진 부모와 처자식이 보고 싶지만 마음속 깊이에 간직할 수밖에 없는 신세에다 또 몇 년 동안 갈라져 있다 보니 부부지간에는 틈이 생겨 가정파탄의 지경으로 몰았으며 자식교육을 위하여 돈 벌려 한국에 왔다지만 결국은 자식을 망치는 경우도 적지 않았다. 또 그때그때 상황 따라 반복하는 용두사미같은 불법체류 단속은 중국 조선족의 요행심리, 투기심리만 부추기고 있다.

현재 실시하고 있는 소위 '국적부여 확대' 정책 역시 이러한 차원을 벗어나지 못하고 동포법수정안이 통과되었고 여러 시민단체들이 압력을 가하니 보라는 듯이 하고 있는 단기적인 정책 방편에 불과하다고 말할 수 있다.

이러한 모든 것이 중국 조선족 사회의 위기를 부르고 있다. 중국 조선족의 이러한 실태를 조성한 원인은 결국 자유로운 왕래가 되지 않았기 때문이 아닌가? 다시 말하면 동포로서 동포 대접을 받지 못한데서 초래된 문제라고 볼 수 있다.

다음 중국 조선족의 감상적인 '동포정서'가 중국 조선족의 미래를 불확실하고 만들고 있다. 조선족은 중국 국적을 가진 자로서 자신의 삶터는 중국에 있다. 허나 한국에 체류하고 있는 많은 조선족들은 자아의 "동포정서"에 도취되어 마치 한국 정부가 자기들을 잘 대해주어야 하는 의무가 있는 것처럼 착각하고 단속할 때에는 불법체류자이면서도 농성을 부리고 야단법석이었다.

얼마 전에 소위 "국적회복운동" 때 "고향에 와 살 권리가 있다"고 외치면서 국적회복 신청을 한 5000여 명의 조선족 불법체류자들을 생각할 때 어이없어 말문이 막힐 정도였다.

과연 그들은 자신이 이렇게 하면 중국 조선족 사회에 어떤 누를 끼칠지 모르고 하는 일일까? 그렇지 않아도 항간에서는 중국 조선족은 뿌리가 얕고 기회주의적인 경향이 짙은 민족으로 바라보는 눈길이 떠돌고 있는 와중에!

나는 일부 중국 조선족들이 자신의 정체성 즉 중국 조선족으로 떳떳하게 사는 의지와 의식을 말살하면서 중국 조선족 사회의 앞날을 생각하지 않고 눈앞의 이득만 생각하는 처사는 마땅치 않다고 본다.

사실 조선족 문제 해결에 있어서 중요한 것은 그들이 쉽게 한국에 오갈 수 있게 하는 정책이다. 쉽게 올 수 있으면 많은 돈을 쓸 필요가 없으므로 부담이 적어지고 한국에서 한 번에 몇 년 간 체류할 소지가 없으므로 불법체류자가 줄어들며 또 가족과 자주 상봉할 수 있으므로 부부지간의 너무 오래 떨어져 사는데서 초래하는 가정파탄의 위기를 피할 수도 있다.

때문에 내가 한국 정부에 제언하고 싶은 것은 해외 동포법수정안에 근거해 빠른 시일 내에 시행령을 개정하여 중국 조선족의 동포지위에 상응하는 대책을 마련하여야 한다는 것이다.

나는 원칙적으로 조선족의 "한국 국적 부여확대" 정책을 찬성하지 않는다. 그 이유는 첫째, 중국 조선족의 기반은 중국에 있다는 것이다.

1백여 년이란 중국 조선족역사는 길다고 말할 수 없으나 그들은 자신의 피땀으로 중국동북 허허벌판을 옥토로 개간하고 수전을 개척하여 벼농사를 보급시켜 중국북방지역의 벼재배 역사에 빛나는 한 페이지를 적어놓았고 또 중국의 토지혁명, 항일전쟁과 해방전쟁 등 신민주주의혁명사업에 적극 참여하여 위대한 업적을 쌓았을 뿐만 아니라 중화인민공화국성립 후에도 중국의 사회주의혁명과 사회주의건설을 위하여 열심히 일하여왔다.

때문에 중국 조선족은 그 역사나 현실을 볼 때 이미 중국 사회에 튼튼한 기반을 잡았고 사실상 한반도의 지리적 개념에서 벗어나 중국에서 하나의 민족공동체를 이루고 떳떳한 중국 국민으로 민족의 특징과 문화를 계승하면서 참된 삶을 영위해 왔으므로 이제는 그 어디에도 떠날 수 없고 떠날 가능성도 없다.

둘째, 현재 조선족의 국적회복운동은 임시적인 방편에 불과하다.

국적회복을 하고자 하는 재한 조선족 대부분은 단지 한국내왕과 체류의 편의를 도모하는데 비롯되고 또 자녀들의 한국행에 도움을 주기 위한 것이 주요한 목적이며 정말로 한국에 영구히 살려고 하는 사람은 아주 적다.

그들은 한국 국적을 취득하여도 한국에서는 하류층의 운명을 못 면

한다는 것을 잘 알고 있고 중국에 대한 향수와 중국 미래에 대한 기대가 있기 때문에 국적회복을 임시적인 방편을 생각하는 경향이 짙다.

예컨대 내가 만난 사람들 가운데 어떤 이는 한국 국적 가입 후 중국에 돌아가는데 불편이 없는가 물어보는가 하면 향후 중국에 돌아가는 길을 막지 않으려는 생각을 토로하기도 하였고 또 어떤 이는 자신만 생각하면 한국 국적 가입을 그다지 원치 않으며 한국에서 한평생 살 마음도 없는데 자식을 위해 한국 국적을 회복할 뿐 만약 자유롭게 왕래만 되면 절대 한국 국적을 회복하지 않는 다고 말하기도 하였다.

때문에 만약 국적회복이 목적이라면 그 마음 헤아릴 수 있지만 수단이라 할 때 한국 정부가 민감한 국적문제를 가지고 어떤 문장을 만들 필요없이 더욱 미래지향적인 대책을 제시할 수도 있지 않는가? 사실 "국적문제"는 문제가 아니다.

셋째, 조선족의 한국 국적 다량회복은 한국에도 좋을 것이 없다. 중국이 현재 급속히 성장하고 있으므로 한국과 중국과의 교류도 더 깊어가기 마련이다. 때문에 국익을 보아도 한국은 중국 조선족에게 국적부여보다 중국 조선족으로 하여금 현지에서 더욱 튼튼히 생활할 수 있도록 지원하여 한중교류에 더욱 큰 역할을 할 수 있게 하는 것이 급선무이다. 그리고 중국 조선족의 중국에서의 튼튼한 입지는 동북아시대 민족문화 영역확대에도 큰 도움이 될 것이므로 중국 조선족의 힘의 축적에 신경을 써야하며 대량의 한국 국적 부여는 현실성이 얕고 미래지향적이 못 된다. 또 조선족의 대량의 한국 국적 회복은 중국 조선족 사회 발전에 도움이 되지 않고 오히려 조선족의 중국에서의 위상을 하락시키며 입지를 좁히는 결과밖에 없다.

넷째, 중국 조선족의 대량의 한국 국적 회복은 한민족통합에도 불리하다. 현재 법무부가 제시한 국적회복 조건을 보면 중국 조선족가운데 선대의 출신이 남쪽인 사람들에 유리하나 그 반면에 북쪽 출신에게는 기회가 많지 않다. 하지만 중국 조선족가운데 절반 이상이 선대가 북쪽 출신에 속한다. 때문에 제한된 한국 국적 확대부여 문제로 중국 조선족과 한국, 중국 조선족내의 남, 북쪽 출신사이의 갈등을 초래할 가능성도 없는 것이 아니다.

그리고 현실상황을 볼 때 아무리 국적부여 확대라 하지만 역시 제한적이고 그 혜택을 받는 사람은 일부에 지나지 않는다. 그렇다하여 한국사회가 중국 조선족전체를 모두 포용할 수 있는 힘 또는 가능성이 있는 것도 아니다.

결론적으로 말하면 현재 한국 정부가 중국 조선족 문제해결을 위하여 해야 할 일은 조선족을 정말로 동포로 인정하면 아무런 조건 없이 포용하고 그에 맞게 조선족의 한국출입국을 편리하게 하는 대책마련이지 국적회복 부여문제가 아니라고 본다. 그리고 조선족들은 눈앞의 일만 생각하는 근시안적인 안목을 버리고 자신의 귀속이 도대체 어디인가를 신중하게 생각하고 눈앞의 편리만을 위하여 국적 같은 엄숙한 문제를 혹시나 하는 생각에서 쉽게 접근하여서는 안 된다.

[한국] 『OKTIMES』, 2004.7.

# 근시안적 재중동포정책

언제부터인가 다수의 재중동포가 한국에 들어오면서 이들 문제가 한국의 재외동포정책에서 하나의 큰 변수로 등장했다. 최근 일부시민단체들이 주도한 "국적회복운동"을 통해 "고향에 와 살 권리가 있다"고 호소하면서 농성하는 불법체류자들이 있는가 하면 또 "조선족 불법체류자 사면운동"을 내세우며 정부에 압력을 가하는 등 많은 물의를 빚고 있다.

얼마 전 한국국회는 해외 동포법수정안을 통과시켰고 법무부는 이들의 대한 한국 국적 확대부여에 관한 "새업무지침"을 시행키로 결정했다. 이에 따라 법무부가 제시한 조건에 부합되는 일부 재중동포는 "국적회복"을 서두르고 있다.

그러나 이들에 대한 한국 정부의 장기적 안목이 없는 불투명한 정책과 한국에 체류 중인 재중동포들이 감상적인 "동포정서"에 집착하는 모습을 보면 답답하고 안타까운 마음이 앞선다.

먼저 한국 정부의 일관성 없고 불확실한 재외동포정책이 중국내 동포사회의 혼란과 위기를 부추기고 있다는 점이다. 재중동포들의 입국절차를 까다롭게 만들어 입국자들은 부득불 고액의 자금을 브로커에게 주면서 한국행을 시도하거나 생명을 무릅쓰고 밀입국을 감행한다.

이들은 불법체류자의 신분으로 매일매일 마음을 졸여야 하고 갈라진 부모와 처자식이 보고 싶어도 마음뿐이다. 또 몇 년 동안 갈라져 있다 보니 부부간에 틈이 생겨 가정파탄의 지경에 이르는 경우도 적지 않다.

다음으로는 재중동포 스스로의 감상적인 "동포정서"가 그들의 미래를 불확실하고 만들고 있다. 재중동포들은 국적이 중국이고 자신들의 삶터 또한 중국이다. 그럼에도 한국에 체류 중인 많은 동포들은 동포정서에 도취된 나머지 한국 정부에 자신들을 잘 대해 줘야할 의무가 있는 것처럼 착각하고 있다.

재중동포문제 해결에서 가장 중요한 것은 그들이 쉽게 한국에 오갈 수 있게 하는 정책이다. 쉽게 올 수 있으면 많은 돈을 쓸 필요가 없고 한번에 몇 년 간 체류할 필요도 없으므로 불법체류자가 줄어들며 또 가족과 자주 상봉할 수 있어서 가정파탄의 위기를 당하지 않을 수 있다.

차제로 한국 정부는 해외 동포법수정안에 근거해 빠른 시일 내에 시행령을 개정하고 재중동포들에 대한 동포지위에 상응하는 대책을 마련하라고 권하고 싶다. 이와 함께 원칙적으로 이들에 대한 한국 국적 확대 부여를 반대한다.

그 이유는 첫째, 현재 이들의 국적회복 동기는 임시방편에 불과하다. 국적회복을 원하는 국내거주 재중동포들은 대부분 단지 체류의 편의를 도모하고 자녀들의 한국행에 도움을 주려는데 주된 목표를 두고 있다. 정말로 한국에서 영구히 살려고 하는 사람은 드물다.

둘째, 한국의 국익에도 좋을 것이 없다. 중국이 현재 급속히 성장하고 있으므로 한중교류도 더욱 확대되기 마련이다. 이 때문에 한국은 재중동포들에게 국적을 부여하기보다 국익차원에서 그들로 하여금 현지에서 더욱 튼튼히 생활할 수 있도록 지원하고 한중교류에 더욱 큰 역할을 할 수 있게 하는 것이 급선무이다.

셋째, 한민족통합에도 불리하다. 현재 법무부가 제시한 국적회복조건을 보면 재중동포가운데 선대가 남쪽인 사람들에 유리한 반면 북쪽출신에게는 기회가 많지 않다. 하지만 재중동포가운데는 절반 이상이 선대가 북쪽출신이다. 이 때문에 재중동포와 한국, 중국 동포 사회 내 남북쪽 출신 사이의 갈등이 초래될 수 있다.

결론적으로 현재 한국 정부가 재중동포문제의 해결을 위해 해야 할 일은 이들을 정말 동포로 인정하면 아무런 조건 없이 포용하고 그에 걸맞게 이들의 출입국을 편리하게 하는 대책을 마련하는 것이지 국적회복 부여문제는 아니라고 본다. 그리고 재중동포들은 근시안적인 시각을 버리고 한국체류 중 돈 버는 것도 중요하지만 가능한 한 일정한 기능을 배워서 중국에 돌아가서의 출로를 생각하는 것이 올바른 처사라 하겠다.

[한국]『세계일보』,2004.5.1.
[한국]『재외동포신문』, 2004.5.1.-5.30.

# 중국 조선족 사회에 대한 유익한 탐구
## ─『조선족 사회와의 만남』을 읽고

한중수교 이후 중국 조선족과 한국의 교류는 갈수록 활발하게 진행되고 있다. 그리고 접촉과 교류가운데서 서로의 이해 차이와 의사불통으로 적지 않은 오해와 불신을 초래한 것도 사실이었다. 여기서 우리는 중국 조선족의 한국관과 한국인의 중국 조선족관에는 편협된 견해가 적지 않다는 것을 알 수 있었다. 특히 나는 서울에 일 년 간 체류하면서 느낀 것이 많은 한국인들의 중국 조선족에 대한 이해와 관심이 깊지 못하며 심지어 중국문제와 조선족을 연구하는 학자들 가운데서 조선족에 대한 불명확한 서술도 가끔 볼 수가 있었다.

때마침 『조선족 사회와의 만남』(이재달 지음, 도서출판 모시는 사람들, 2004년 11월 출판, 이후『만남』이라고 약칭)이란 책의 서평청탁이 왔기에 나는 이 계기로 한국인의 중국 조선족관에 대한 비평과 조선족자아의 대한 파악을 다시 한번 해볼까하는 생각으로 쾌히 승낙하였다. 하지만 정작『만남』을 읽기 시작하면서부터 나의 의도는 무산되고 말았다.

저자 이재달 기자는 일 년이란 세월을 연변에서 보내면서 깊이 있는 조사와 기자의 예리한 시각을 통하여 중국 조선족 사회를 살펴보았으며 조선족 사회의 현황에 대한 파악은 실제와 아주 부합된다는 느낌을 받았다. 저자의 중국 조선족에 대한 서술은 중국의 조선족 문제 연구자 못지않게 중국적인 감을 주기도 하였다. 물론 그렇다고 중국 조선족을 무조건 감싸준 것은 아니고 고질과 허점에 대해서는 따끔하게 지적하였다.

저자는 중국 조선족의 중심집거지인 연변조선족자치주를 배경으로 중국 조선족의 역사를 회고하고 조선족의 중국 사회의 위치와 기여를 서술하였으며 한국과의 관계를 조리 있게 다루었다. 그리고 중국 조선족 사회 발전가운데서 나타난 문제점들을 정확하게 파악하고 단도직입적으로 저자의 견해를 천명하였다.

이 책의 특징은 보면 첫째, 중국 조선족은 누구인가에 대하여 확답을 주었다. 저자는 한국인들이 "외국국적의 우리 민족은 마치 같은 나라 사람인 것처럼 종종 혼동"하는 잘못된 인식과 태도를 지적하고 중국 조선족은 중국이라는 "외국국적을 보유한 동포"(17쪽)라는 사실을 직시하여야 한다고 지적하면서 중국 조선족의 마음에 상처를 주지 않고 중국 내에서의 입지가 곤란하지 않도록 처사해야 한다고 강조하였다. 그리고 중국 조선족이 "혈연의 관계이기 때문에 한국에 대해 서운함을 느끼는 것이지, 한국을 단순하게 미워하는 것이 아니"다는 지적은 아주 적절한 것이다(6쪽).

둘째, 중국 조선족의 모국에 대한 역할을 긍정하였다. 한중수교 이후 양국의 경제, 문화 등 교류에서 중요한 중개역할을 해왔듯이 21세기 세계 경제대국으로 발돋움하는 중국에 생활하고 있는 200만의 조선족은 '조국'인 중국과 '모국'인 한국 사이에서 상호이해 폭을 넓히고 교류를 촉진시키는 중개자역할에 적격이고 '모국'인 남과 북을 다 같이 드나들 수 있는 동족으로 분단된 '모국' 사이에서 화해의 메신저가 될 수 있으며 통일에도 일정한 기여를 할 수 있다고 확신하였다(226쪽).

셋째, 현재 중국 조선족 사회가 직면하고 있는 인구 감소, 민족 교육 축소, 공동체 해체와 동화 등 문제점을 제기하고 이러한 위기현상의 원인은 인구 이동에 있다면서 문제 해결의 출발점도 인구 이동현상을 전제로 도시 지역에 새로운 민족집단 거주지역을 조성하도록 해야 하고 또 도시에 새로운 민족공동체를 건설하기 전에는 한글학교의 설립을 검토할 필요도 있다는 지적은 민족 동화를 방지하는 아주 적절한 대책으로 보인다.

그리고 한국도 조선족 사회의 현실과 문제점에 대하여 주목하고 적절한 대응을 해야 한다면서 "모국은 이주민족에 대해 든든한 버팀목과 같은 존재여야 한다"(237쪽)고 지적하고 "모국의 역할은 일차적으로 민족을 지켜내는 일"이며 중국 조선족이 한민족의 일원으로 계속 남아있도록 문화적으로나 경제적으로나 아낌없는 지원을 해야 한다고 강조하기도 하였다(238쪽). 특히 "채무의식", 즉 마음의 빚을 갚는다는 보상차원으로 중국 조선족에 대한 관심을 갖고 지원하여야 한다는 지적은 전에 보지 못한 새로운 견해라는데 주목하게 된다.

넷째, 한국과 조선족의 관계처리에서 서로의 입지를 분석 정리하면서 지적한 비록 "동일 민족이라 하더라도 서로가 다른 체제와 이념 속에서 생활해 왔기 때문에 가치관과 사유방식이 다르고 인식의 기준에 차이가 있다는 점을 염두에 두고 상대방을 보아야 한다"(225쪽)는 제안은 쌍방의 원활한 관계설립에 크게 도움이 된다고 본다. 동시에 같은 민족이다라는 '하나' 보다 '남' 이다라는 세월이 야기한 이질성에 눈을 돌려 생각하는 것이 서로의 갈등해소에 도움이 되지 않을까하는 구상도 특이하다고 볼 수 있다.

약간의 유감이 있다면 『만남』에서 한국의 재외동포정책에 대한 평가와 재한조선족실정에 대한 언급이 적다는 것이다. 하지만 저자도 말하다시피 한국과 중국 조선족 사회와의 갈등의 원인은 그 일차적 책임은 한국일 수밖에 없다고 말했듯이 한국의 불확실한 재외동포정책은 마땅히 힐책받아야 한다. 그리고 저자는 모국이 "거주국가를 자극하지 않으면서 실질적인 효과를 거둘 수 있는 이주민족정책은 매우 중요하다"(211쪽)고 하지만 문화교류에서 제출한 "한국위성방송을 합법적으로 시청할 수 있도록 중국 정부와의 협상이 필요하다" 는 제안 등은 중국을 아주 자극하는 것으로 이러한 제안은 여전히 중국의 실제에 부합되지 않는다고 말할 수밖에 없다.

또 중국 조선족의 동북지역 개척, 수전개발 및 중국신민주주의 혁명과 사회주의건설에 대한 기여 등을 너무 적게 다루지 않았나하는 생각도 하게 되고 연변이 중국 조선족 사회의 중심이라 하지만 연변지역 이외의 조선족이 연변보다 더 많다는 사실을 볼 때 기타지역 조선족에 대한 언급도 좀 있었으면 하는 아쉬움도 없지 않았다.

이상 귀납해 보면 책이름과 같이 『조선족 사회와의 만남』은 사실은 한국인과 중국 조선족의 만남이었다. 나는 이 책에서 저자의 중국 조선족에 대한 애정을 느꼈고 한국과 중국 조선족간의 희망도 보았다. 한국인은 『만남』을 통하여 중국 조선족 사회에 대한 이해를 한층 높이고 중국 조선족은 『만남』을 통하여 자신의 입지를 더욱 명확히 파악함으로 서로의 오해와 불신을 해소하고 화합과 공존을 도모하는데 기여하리라고 믿는다.

끝으로 중국 조선족 사회에 대한 이해와 한국과의 관계를 이해하려는 독자에게는 현지조사를 바탕으로 한 이 책이 적절한 입문서로 될 수 있으므로 한번 읽기를 권한다.

[한국] 『민족21』, 2005.1.

# 도시화 과정과 민족의 발전

개혁개방 이후 중국 사회는 몰라보게 변모되었다. 이 가운데 제일 뚜렷한 현상은 도시화 과정의 가속화였다. 과거 중화인민공화국 성립 직전까지 중국 사회는 공업이 발달하지 못한 낙후한 농업국가로 현대공업 생산액은 공농업총생산액의 10%밖에 차지하지 못하였다. 발달하지 못한 공업 경제는 현대도시발전의 발걸음을 막을 수밖에 없었다.

중화인민공화국 성립 이후 중국의 도시화 건설은 궤도에 들어섰으나 정치운동에 너무 기울인 탓으로 도시화건설에 뚜렷한 성과를 취득하지 못하였다. 1980년대 이후 본격으로 실시된 중국의 개혁개방은 도시화 과정을 가속화시켰다.

하나의 인구 현상으로 도시화 과정은 인구가 도시로 부단히 집중하는 과정이다. 인구 이동의 흐름은 농촌 인구의 도시 진출이 위주이었으며 이것은 또 도시의 규모를 확대하였고 도시의 경제활동을 더욱 다양하고 활발하게 하였다. 다른 한편 급속한 도시화진전에 따른 영향 또한 무시할 수 없다.

여기서 도시화 과정의 일반적 영향, 즉 도시 인구의 팽창, 교통체증의 증가, 생활시설의 역부족, 도시 진출가정 자녀들의 교육시스템 결핍 등을 뛰어넘어서 도시화 과정이 중국소수민족 사회 발전에 주는 영향을 나열해 보려 한다. 먼저 그 전제를 보면 중국은 한족인구가 대다수인 다민족국가로 절대숫자를 보면 소수민족 인구가 적지 않지만 소수민족이 각기 한족 속에 섞이면 바다 속의 좁쌀에 불과하다. 때문에 소수민족 인구가 자기 집거지를 떠나 도시 진출하는 것은 민족 인구의 분산화와 희석화를 말한다. 이에 따른 현상들을 보면:

첫째, 소수민족 인원의 도시 진출은 현대시장 의식과 새로운 가치관 수립에 큰 도움을 주고 있으나 민족 문화 전통의 보존과 계승에는 많은 허점이 생기고 있다.

둘째, 도시화 발전은 도시 인구의 증가와 인구의 집중거주를 현실화하고 있지만 소수민족 인구는 더욱 분산되고 희석되는 추세를 보이고 있다.

셋째, 소수민족 인원의 도시 진출은 더욱 개방적인 환경에서 새로운 경제 발전의 기회, 선진적인 교육을 받을 수 있는 기회 및 매개인의 경제 수입확대의 가능 등은 있지만 민족 인구의 분산화는 민족 경제 발전과 민족 교육실행 및 민족성 유지에 많은 제한을 주고 있는 것도 사실이다.

이렇다고 도시화를 나쁘다고 볼 수 없다. 도시화 과정은 인류 역사의 흐름 속에 막을 수 없는 추세이다. 문제는 소수민족 성원들이 전체적인 도시화의 큰 흐름에 어떻게 대응할 것인가에 있다. 일부 사람들은 흔히 세계화가 진전되고 세계를 지구촌으로 비교하고 있고 국가, 민족 등은 아무런 문제도 아니며 의논하지 않아도 괜찮다고 한다.

하지만 필자는 그렇게 보지 않는다. 이 지구상에서 국가와 민족의 소실은 아주 먼 미래의 일이라고 하겠다. 국가와 민족이 존재하는 한 국가의 정체성과 민족의 정체성이 존재하기 마련이다. 인간이 태어나 자라면서 자신의 정체성을 확립하는 것은 아주 중요한 일이다. 자신이 누구이며 어느 인간 단체에 속하는지도 모르는 사람은 뿌리가 없는 부평초와 다름이 없다.

또 어떤 사람들은 세계화가 서서히 다가오고 세계는 하나의 지구촌으로 되고 있을 때 무슨 민족을 논하랴 하는데 사실 자신의 조상, 자신의 민족 나아가서 자신이 살고 있는 나라를 생각하지 않고 사랑하지 않은 사람이 세계인으로 될 수 있고 세계를 사랑할 수 있다고 말할 수 있겠는지 의문이다. 물론 현재 세계화의 흐름 속에서 과거와 같은 협소한 애국주의, 민족주의는 시장이 있을 수 없다.

그럼 중국 조선족의 상황을 살펴보기로 하자.

과거 농경민족인 조선족은 벼농사 우세로 주위 기타 민족보다 더 풍요로운 생활을 하여 왔다. 하지만 우리 민족이라고 한평생 농촌에 있으라는 법이 없으며 또 그럴 수도 없다. 조선족 사회는 개혁개방 이후 특히 1990년대 이후 급속한 변화를 가져왔으며 예전의 안온한 전원생활의 원모습은 다시 찾아볼 수 없게 되었다. 원래부터 문화소질이 높고 시대적응에 빠른 중국 조선족은 중국의 개혁개방과 더불어 재빨리 농경문화에서 이탈하고 도시화 과정의 앞장에 서게 되었다. 그리고 인구 이동은 도시화 과정의 뚜렷한 현상의 하나로 조선족 사회의 급속한 변화는 인구 이동에서 비롯된 것이라고 하여도 과언이 아니다.

도시화, 현대화는 사회 발전의 막지 못하는 큰 흐름이다. 인구 이동은 중국 조선족의 이러한 과정을 기타 민족보다 앞서게 하였고 현대의식도 기타 민족보다 빨리 터득하게 하였다.

현재 약 200만 명의 중국 조선족 인구가운데 50-60만 명 좌우가 농촌에서 도시로, 동북지역 집거지에서 산해관 이남지역으로 또는 국외로 진출하였다. 이는 국내 어느 민족도 비교가 되지 않는다. 이러한 현실은 중국 조선족 인구의 분포 구조를 변화시키고 있으며 이에 따른 문제는 조선족 농촌의 공동화(空洞化), 민족 교육의 축소, 민족 인구의 감소와 분산화, 민족성 약화 등으로 이어지고 있다. 이와 같이 민족 발전 과정에서 부딪친 문제는 매우 심각한 것이다.

중국의 개혁개방 과정에서 조선족이 앞장섰다는 것은 새로운 문제들을 먼저 감수해야 한다는 것과 같으며 동시에 개혁개방의 과실을 먼저 향수하고 있다는 것과도 같다. 현재 중국 조선족은 봉착한 문제들로 심각한 위기감을 느끼고 있지만 다른 한방면 또 발전의 희망도 보이고 있다.

조선족 인구의 도시 진출은 민족 문화를 널리 전파하였고 민족 경제 영역을 넓히었으며 매개인의 경제 실력을 강화하였다. 그리고 국외 진출은 민족의 세계적인 안목을 키우는데 도움을 주었고 세계 여러 나라에 있는 동포들과의 교류를 강화하였으며 민족적 네트워크 형성에 크게 기여하고 있다.

특히 과거 농경시대에는 자급자족 위주의 생활방식 하에서 상대적으로 폐쇄적인 생활을 하여왔기 때문에 네트워크의 필요성을 별로 느끼지 못 하였다. 그러나 시장경제시대 정보흐름과 물류 등이 가속화되고 있는 정세에 발걸음을 맞추자면 네트워크가 꼭 필요한 것이다. 어떤 의미에서 말하면 세계가 날로 정보화되어 가는 이 시대에 네트워크 형성은 국가와 민족 발전에 없어서 안 되는 중요한 요인이라고도 할 수 있다. 더욱이 글로벌시대에 있어서 민족적 네트워크 형성은 격렬한 경쟁 속에서 민족이 살아남는 중요한 요인의 하나라고도 볼 수 있다.

지금 중국 조선족은 중대한 전환기에 서 있다. 조선족이 처한 현상황을 잘 파악하고 이에 대한 적실한 대책의 강구는 아주 시급하다. 그럼 중국조선족에게 무엇이 약세이며 무엇이 결핍한가? 환경론적 각도로 보면 중국은 한족인구가 절대 다수 차지한 나라로 한족들은 국내 어느 지역으로 가나 문화의 이질감을 느끼지 않고 원래대로 생활할 수 있다. 그러나 소수민족의 국내 기타지역 진출은 이와 다르다. 그들은 새로운 문화의 접수와 민족 문화의 계승 등 이중의 어려움을 겪기 마련이다.

다른 한편 중국현실과 민족자체의 원인으로 중국 조선족은 선천의 약점을 갖고 있다. 그것인 즉 세계가 날로 정보화방향으로 나아가고 있을 때 민족적 중심이 제대로 구축돼 있지 못하고 민족적 네트워크가 결핍한 것이다. 이러한 점은 민족 인구가 날로 분산화 되는 이 시기 가장 큰 약세라고도 할 수 있다.

현재 개혁개방과 도시화 과정에서 나타난 민족 발전상의 문제들을 해결하고자 많은 민족 성원들이 힘을 기울이고 있다. 농촌 인구의 감소와 민족 교육의 축소를 대비하여 규모 있는 집거지 건설의 구상을 내놓고 실천에 옮기는 곳도 있고, 선조들이 개척한 땅과 민족 교육을 지키기 위하여 조선족 가정 특히 어린이 있는 가정의 이주를 환대하는 조선족 마을도 있으며, 또 일부 도시 지역에서는 코리안타운 구축에 힘을 기울이고 있다.

도시에서 민족학교 운영에 심혈을 기울이는 사람들이 있기 때문에 청도 조선족 학교, 북경조선족 학교 등이 세워졌으며 조선족 기업인들 간의 네트워크도 점차 형성되기 시작하였다. 또 어떤 도시에서는 조선족과 한국인이 함께 사는 동네에서 서로 협력하여 새로운 한민족 집거지 형성에 동조하는 기미도 보이고 있다. 그리고 민족 발전을 관심하는 학자, 전문가들과 민족사업가들은 많은 학술회의를 통하여 민족 발전문제를 깊게 토론하고 좋은 대책을 내놓기도 하였다.

위에서 보다시피 많은 민족 성원들과 여러 민간단체에서 민족 발전에 많은 심혈을 기울이고 있지만 현재 더욱 중요한 것은 민족적 중심의 구축과 네트워크 형성에 더 신경을 써야 한다고 필자는 말하고 싶다. 특히 날로 분산화 되고 있는 민족 사회가 무너지지 않으려면 반드시 민족적 네트워크형성에 힘을 기울여야 한다. 민족적 중심이 있고 네트워크가 형성되면 민족 인구가 비록 분산되어 각 지역에 흩어져 생활하여도 세계 유태인들처럼 민족성보존과 민족 정체성 확립에는 큰 차질이 없을 것이다.

『문학과 예술』, 2006.3.

# 조선족 인구 이동과 네트워크의 필요성

## 1. 민족적 네트웍 형성의 중요성

1980년대 이후 중국의 개혁개방과 도시화 과정은 각 민족의 발전에 커다란 기회를 주었다. 원래부터 문화소질이 높고 시대적응에 빠른 중국 조선족은 이러한 계기를 활용하여 재빨리 농경문화에서 이탈하고 도시화 과정과 개혁개방의 앞장에 서게 되었다. 이러한 현실은 또 민족 인구분포의 확산, 민족 경제영역의 확대, 민족 문화 교육의 축소, 민족성의 약화 등 결과를 초래하고 있다. 때문에 날로 분산화 되고 있는 민족 사회가 무너지지 않으려면 반드시 민족적 네트워크 형성에 힘을 기울여야 한다.

과거 농경시대에는 자급자족 위주의 생활양식 하에서 상대적으로 폐쇄적인 생활을 하여 왔기 때문에 네트워크에 대해 별로 필요성을 느끼지 못 하였다. 그러나 시장경제시대 정보 흐름과 물류 등이 가속화되고 있는 정세에 발걸음을 맞추자면 네트워크가 꼭 필요한 것이다. 어떤 의미에서 말하면 세계가 날로 정보화되어 가는 이 시대에 네트워크 형성은 국가와 민족 발전에 없어서 안 되는 중요한 요인이라고도 할 수 있다.

특히 글로벌시대에서 있어서 민족적 네트워크 형성은 격렬한 경쟁 속에서 민족이 살아남는 중요한 요인의 하나라고도 볼 수 있다. 민족적 네트워크 형성은 중국국내에만 제한되어서는 안 된다. 세계범위 내에서 민족적 네트워크를 만들어야 한다. 중국 조선족은 그가 처한 여러 특징으로 민족적 네트워크 형성에 크게 기여할 수 있을 것이라고 본다.

## 2. 중국 조선족의 특징

중국 조선족은 비록 한반도에서의 이주로 시작되었지만 중국에 정착하면서 그 나름대로의 독특성을 지니게 되었다.

다시 말하면 첫째, 중국 조선족은 세계에서 인구가 제일 많은 나라의 일원이고 다민족국가의 일원이면 또 사회주의체제를 견지하고 있는 나라의 일원이기도 하며 신속한 경제성장과 종합적 국력의 신장으로 세계의 주목을 받는 나라의 일원이기도 하다.

둘째, 중국 조선족 선조들은 한반도 출신으로 조선족은 현재 한국과 조선이라는 고국과도 밀접한 연관성을 지니고 있다.

셋째, 지정학적으로 볼 때 동북아시아는 세계강국의 각축 속에 깊이 휩싸인 지역이고 또 한민족이 집중 분포되어 있는 지역이기도 하다. 중국 조선족은 동북아시아의 중심 지역의 하나인 중국동북지역에 위치하고 있으며 현재는 이동으로 한국, 일본, 러시아 및 미국 등 동북아 지역의 중요한 나라들에도 분포되어 있으며 한국과 조선은 물론이고 일본, 러시아 및 미국 등 나라에 거주하고 있는 동포들과도 더욱 밀접한 연계를 형성하고 있다.

위에서 언급한 여러 특징은 중국 조선족이 한민족 네트워크 형성에 중요한 역할을 할 수 있는 여건을 갖고 있다는 것이다.


## 3. 조선족 인구 이동에 따른 영향

과거 중국 조선족은 중국의 특수한 체제하에 많지 않은 공식적 이동 이외에 한 지역에서 폐쇄적인 생활을 하였다. 1980년대에 시작된 중국의 개혁과 개방은 중국인들이 국내 각 지역의 이동을 추진하였을 뿐만 아니라 세계로 향한 발걸음도 재촉하였다. 중국에서 문화소질이 높고 정세적응에 빠른 조선족은 그가 지닌 여러 가지 우세로 개혁개방에서도 국내 기타 민족보다 앞장선 상태를 보여 주고 있다. 특히 조선족의 인구 이동은 국내 기타 민족에 비할 바 없는 활발한 양상을 보였다.

현재 약 200만의 중국 조선족 인구 가운데 50~60만정도가 동북 집거지역을 떠나 이동에 가세하였다고 말하여도 과언은 아니다. 아래의 숫자에서 보다시피 하나는 동북지역 조선족 인구비례는 1990년의 97.14%에서 2000년에는 92.27%로 떨어졌다. 다시 말하면 1990년 동북3성의 조선족 인구는 186.8만 명이었으나 2000년에는 177.5만 명으로 감소되었고 기타지역의 조선족 인구는 1990년의 5.5만 명에서 14.9만 명으로 증가되었다.

그리고 이것은 단지 통계 속에 든 숫자일 뿐 통계에 들지 않은 숫자를 계산하면 동북지역 외의 조선족 인구가 더 많은 비례를 차지할 것이다.

또 하나는 필자의 여러 차례 현지조사에 의하면 현재 조선족 집거지역의 농촌 인구 가운데서 약 1/3 좌우의 인구가 원 지역을 떠난 사실이 보인다. 2005년 7월초 필자는 요녕성 대와현 영홍조선족향에 대한 현지조사를 진행하였다. 조선족이 집결된 중앙툰촌과 해빈촌의 인구 이동 상황을 보면 중앙툰촌의 전체인구 1,610명에서 촌을 떠난 사람이 511명으로 전체인구수의 31.7%차지하였고 해빈촌의 전체인구 1315명에서 촌을 떠난 사람이 512명으로 38.9%차지하였다. 그리고 흑룡강성 해림현 해남향의 남라고촌사에 의하면 2002년 마을인구 1941명에서 촌을 떠난 자가 716명으로 36.9%를 차지 하였다(리수학 편저, 『개척의 70년 발자취-남라고촌사』, 2002.7).

셋째로 조선족의 국외 진출도 상당수에 달하고 있다. 역시 상술한 촌의 상황을 보면 이동인구 가운데 국외 진출자의 비례가 중앙툰촌은 41.7%를 차지하고 해빈촌은 86.7%를 차지 하였으며 남라고촌은 74.3%를 차지하였다.

그리고 한국 법무부의 통계와 혼인 이동등 여러 추측에 의하면 현재 재한 조선족이 약 15만 명이 되고 일본에도 4-5만 명이 있는 것으로 보고 있다. 즉 현재 약 200만의 조선족 인구 가운데서 국내 이동이 약 30만~40만 명이 되고 국외 이동이 약 20만 명이 된다는 것이다.

현재 중국 조선족 사회의 극심한 변동과 진통은 인구 이동에서 비롯된 것이라고 할 수 있다. 이것은 또한 고국인 한국과도 밀접히 관련되어 있다. 조선족의 국외 진출에서 보다시피 대부분이 한국이었다. 중앙툰촌의 경우 국외 진출자 가운데 한국 진출자가 89.6%를 차지하였고 남라고촌의 경우는 94.9%를 차지하였다. 사실 "코리안 드림"은 조선족 사회의 평온을 허무는 장본인의 하나이기도 하였다.

급속한 인구 이동에 따른 조선족 집거지역 농촌 인구의 격감, 수많은 부녀자들의 유출, 기타 민족에게 경작지의 양도 등은 민족 전통집거지의 축소, 민족기초교육의 약화, 총각들의 혼인의 어려움, 장기출국에 따른 가정파탄의 위기, 도시 진출에서 민족성보존의 어려움 등 심각한 문제들을 초래하고 있다. 민족의 애착심을 갖고 있는 많은 사람들은 이러한 문제들로 근심하고 고민하고 있다. 하지만 여기에서 머물러서는 안 된다. 민족 모두의 힘과 지혜를 합쳐서 당면한 문제들을 슬기롭게 해결하는 실천이야말로 민족이 살아남는 길이라는 것을 기억하여야 한다.


## 4. 조선족의 역할과 기여

중국의 개혁과 개방에서 조선족이 앞섰다는 것은 새로운 문제들을 먼저 감수해야 한다는 것과 같으며 동시에 개혁개방의 과실을 먼저 향수하고 있다는 것과도 같다. 현재 중국 조선족은 봉착한 문제들로 심각한 위기감을 느끼고 있지만 다른 한 방면 또 발전의 희망도 보이고 있다.

도시화, 현대화는 사회 발전의 막지 못하는 큰 흐름이다. 인구 이동은 중국 조선족의 이러한 과정을 기타 민족보다 앞서게 하였고 현대의식도 기타 민족보다 빨리 터득하게 하였다. 이러한 여건들은 조선족 사회의 비약적 발전을 초래하고 조선족이 현대 민족으로 발돋움하는 중요한 계기로 되고 있다.

더욱이 중국 조선족은 민족이 지닌 특수한 우세로 세계화 흐름 속에 가세하고 있다. 그 일례로 조선족 전체의 약 1/10에 달하는 인구가 현재 중국을 떠나 세계 여러 나라에서 국제화를 체험하고 있다는 것이다. 조선족의 국외 이동은 그들의 시야를 넓이고 세계적 감각을 키워줄 뿐만 아니라 또 그들이 다민족, 다문화 환경에서 터득한 경험을 살려 세계 기타 여러 나라의 동포들과의 교류를 추진함으로 민족적 네트워크 형성에 중요한 역할을 하고 있다. 민족의 네트워크 형성은 민족의 화합과 공존, 동북아지역의 평화와 발전, 나아가서는 세계의 평화와 발전에 중대한 기여를 할 수 있을 것이다.

물론 중국 조선족은 부동한 지역, 부동한 체제하에서 오랜 동안 생활하여 온 여러 나라 동포, 특히 한국과의 교류에서 많은 갈등과 오해가 있기는 하지만 시간의 흐름에 따라 서로 이해하게 될 것이고 갈등과 오해도 점점 적어질 것이다.

지금 중국 조선족과 한국인과의 화합이 중국에서, 한국에서 서서히 이루기 시작하였다. 조선족은 한국이란 동일국가와 해외 동포들과의 깊은 연계를 잘 활용하여 민족 발전의 큰 힘으로 되도록 하여야 한다. 한국과 한국인들도 해외 동포에 대한 전통적 시각과 정책을 재정리해야 한다.

과거 중국 조선족은 국내에서 우수한 민족으로 평판 받았고 기타 민족의 부러움을 자아냈다. 현재 중국 조선족은 발전 과정에서 많은 어려움을 맞고 있지만 민족전체가 힘을 합쳐 민족적 네트워크를 형성하고 민족 발전에 활용하면 여전히 민족의 우수성을 유지하면서 중국 사회 발전에, 민족의 화합에, 나아가서는 세계평화와 공존에 큰 힘을 기여할 수 있을 것이다.

『흑룡강신문』, 2006.4.11.

# 전통집거지는 조선족의 '대 후방'

　최근 『흑룡강신문』은 '조선족 어디로 가나'라는 지상토론의 장을 마련하였다. 그 출발점인즉 전에 없는 도전을 맞고 있는 조선족 사회의 현재와 미래가 걱정되어 민족전체가 동참하여 민족의 미래를 진지하게 생각하고 토론할 수 있는 기회와 계기를 만들어 주려는데 있다고 생각된다. 필자는 신문사의 여러분께 진심의 고마움을 드리는 바이다.

　사실 우리 민족 사회는 현재 아주 큰 시련을 겪고 있다. 생각하면 불행이라고 할 수도 있고 또 재기의 기회라고 할 수도 있다.

　백여 년 전에 우리 선조들이 압록강, 두만강을 건너 중국 동북지역에 발을 들여놓을 때 몸에 지닌 것이라고는 겨우 봇나리짐과 쪽박밖에 없었다. 그러한 우리 선조들이 황무지를 개간하고 벼농사를 지면서 이주지에서 점차 생활의 기반을 마련하게 되었고 중화인민공화국 성립이후 벼농사의 덕분으로 주위 기타 민족보다 더 여유로운 생활을 유지할 수가 있었다. 이러한 안정적인 전원생활도 개혁개방의 바람이 불면서 우리 사회는 몰라보게 변화되었고 심각한 도전을 맞이하게 되었다.

모두 아시다시피 현재 조선족 사회는 국내의 도시화 흐름과 국외 이동으로 전통적인 민족집거지가 점차 축소되는 경향을 보이고 있다. 이것과 더불어 여러 가지 문제, 즉 민족 교육의 축소와 질적 하강, 민족 전통 문화의 상실, 농촌총각들의 결혼난, 선조들이 개척한 옥토의 상실 등 현상이 돌출해 지면서 우리 민족 발전의 중요한 기반들을 약화시키고 있다. 이러한 문제들의 심각성은 말하지 않아도 여러분이 아마 체감으로 느끼고 있을 것이다.

물론 문제만 있는 것은 아니다. 우리에게는 여러 가지 우월한 여건도 있다. 우리 민족은 중국 각 민족 가운데 비교적 우수한 민족으로 문화, 교육 등 방면에서 아직까지는 앞서고 있다. 그리고 우리에게는 중국 기타 민족에게 없는 한반도라는 고국이 있다. 고국은 민족 문화 홍보와 민족자긍심을 키우는데 크게 기여하고 있다. 특히 한국과의 교류가 활발해지면서 조선족의 한국 진출과 외화벌이 등은 기타 민족이 비교가 되지 않을 정도로 월등한 위치에 처하고 있다. 현재 동북의 조선족 집거지역의 현, 시 등을 보면 어느 곳을 막론하고 1년의 송금액이 몇 천만 달러는 다 될 것이다. 이것은 조선족 가정의 생활수준을 제고하였을 뿐만 아니라 현지 경제 발전에도 크게 기여하였다.

문제는 우리가 어떻게 민족의 현황을 정확히 파악하고 이에 대응하는가에 달렸다. 필자는 아래와 같이 생각한다. 첫째, 조선족은 중국땅에 이미 뿌리박은 민족으로 중국을 떠날 수 없다. 둘째, 중국을 떠날 수 없기 때문에 조선족은 이미 닦은 기반을 외면하지 말고 더욱 튼튼히 닦아야 한다. 그 기반인즉 선조들이 개척한 땅이다. 다시 말하면 우리는 선조들에게 물려받은 땅을 어떻게 하여도 지켜야 한다. 셋째, 선조들이 개척한 땅을 지킴으로 민족 성원들이 어디에 가서도 튼튼한 뒷심이 되어주고 새로운 사업개척 또는 시장경쟁에서 실패하여도 다시 발붙일 곳이 있다는 것이다. 가령 앞으로 토지소유제도가 변화될 때에는 더욱 그러할 것이다.

그럼 현재 우리는 어떻게 해야 하는가? 먼저 민족 성원들의 "대 후방 의식"이 있어야 한다. 대 후방이란 우리의 전통집거지 농촌이다. 우리 농촌을 지키는 데는 남아서 농사짓는 사람이나 유출인구나 모두 책임과 의무가 있다. 남은 사람들은 우리 농촌을 더욱 잘 지키기 위해 현재처럼 단독농사를 짓지 말고 여럿이 힘을 합쳐서 농장형식으로 규모경영하는 길도 모색하여야 할 것이고 유출농호들은 타민족에게 논을 양도하지 않는 동시에 여러 면에서 마을건설에 힘을 이바지하여야 할 것이다. 두 번째는 고국과의 밀접한 연계를 통하여 민족 경제 발전과 민족 농촌건설에 필요한 인력을 양성하고 기술을 인입함으로 민족 성원들의 새 농촌건설의 자신심과 힘을 키워야 할 것이다. 세 번째는 국외노무와 도시 진출에서 누적한 자금들을 민족 경제 발전에 활용할 수 있는 도경도 모색해 보아야 한다.

특히 현재 나라에서 새 농촌건설을 구상하고 힘을 기울이고 있을 때 우리는 중국공산당과 각 급 정부의 민족정책과 새 농촌건설에 해당한 정책들을 잘 활용하여 나라로부터 많은 지원을 얻어내는 한편 또 민족 성원들의 힘을 모아 무너져 가고 있는 우리 농촌을 살려 민족이 설 기반을 더욱 튼튼히 닦아 세세대대로 대물림하여야 되지 않겠는가!

우리에게는 도전과 미래가 동시에 기다리고 있다.

『흑룡강신문』, 2006.5.9.

# 우리의 주체성을 지켜야

우리의 선조들이 한반도에서 두만강, 압록강을 건너 중국의 동북지역을 개척하기 시작한지도 어언간 근 200년이란 세월이 흘렀다. 이 기간 수 세대를 이어 온 조선족은 중국에 뿌리를 내리고 문화, 교육 등 여러 면에서 앞장 선 어엿한 민족으로 자리매김을 하였다. 이러한 조선족 사회도 개혁개방 이후, 특히 한국과 활발한 교류가 시작된 후에는 전에 없는 변화를 가져왔다. 경제에서 앞선 한국과의 교류에서 조선족은 한국 진출과 국내에서의 합작 등을 통하여 경제적으로 많은 혜택을 받았다.

다른 한편 이에 따른 폐단 또한 적지 않게 노출되었다. 그 가운데 민족의 주체성을 점점 잃고 있는 것이 제일 큰 문제가 아닌가 한다. 다시 말하면 현재 우리 사회에는 한국을 너무 기대하는 경향이 있는 것 같다.

사실 우리에게 한국이란 고국이 있는 것은 하나의 큰 우세라고 할 수 있다. 하지만 그렇다고 자기의 기반이 중국에 있다는 것마저 망각하여서는 안 된다. 그리고 현재 한국 국적가입자들이 많이 생기고 있는데 옳은 처사인지 의문이다. 물론 이들은 한국 진출, 체류의 편리를 도모하는데서 비롯된 것이기는 하지만! 중국 조선족이 한국에서 임시적으로 돈벌이하는 것은 별문제이지만 한국에 정착하여 생활하는 데는 사회, 경제적 기반이 없기 때문에 일시적으로 보면 한국에는 조선족의 설자리가 없다.

우리의 기반은 중국에 있다. 우리는 중국에서 각 분야 주류 사회에 많이 진입하여야 한다. 그런데 현실을 보면 한국바람에 비단 농민들뿐만 아니라 지식인, 기층 공무원까지도 이에 합세하고 있는 것이다. 또 우리의 많은 기업인들도 거의 한국만을 대상하는 경향이 있어 국내 시장과 기타 나라 시장 개척에는 등한한 것 같기도 하다. 많은 사람들이 IMF시기 연변경제에 큰 곤혹을 초래한 원인이 한국에 너무 기울였다는 사실을 기억하고 있을 것이다.

하지만 지금도 조선족은 한국을 떠나지 못 하고 한국과의 연계가 단절되면 즉시 무너질 것처럼 보여진다. 우리의 올바른 길은 중국에 입각하고 중국의 큰 시장을 파악하여야 한다. 그리고 한국과의 깊은 혈연, 인연을 충분히 활용하여 중국의 경제, 사회 등 영역의 주류 사회진출에 더욱 큰 힘이 되도록 노력하여야 한다. 한국에만 집착하여서는 중국 주류 사회에 진출할 수 없다.

중국 조선족의 미래 한국에만 의탁할 것이 아니다.

『흑룡강신문』, 2006.6.13.

# 우리에게 필요한 것은
# 장원한 타산과 지속적인 개척정신

얼마 전『흑룡강신문』에 실은 <파리 조선족 귀국 후 뭘 하려 하나>
(2006.6.7.)라는 기사에 '꿈이 없는 해외나들이, 조선족 언제면 품팔이신
세 면할까'라는 질문이 아주 인상 깊었다. 사실 필자도 이러한 질문을
오래전부터 던지고 싶었다. 한마디 더 보충한다면 우리 조선족이 '떠돌
이 신세, 품팔이 행세'에서 어서 빨리 탈출하였으면 한다.

개혁개방 이후 조선족 사회의 모습이 몰라보게 변하였다. 이러한 변
화는 조선족 인구의 도시 진출, 해외 진출과 갈라놓을 수 없다. 현재 조
선족 인구의 약 3분의 1이 원 거주지를 떠나 국내 기타지역 또는 해외
로 움직이고 있는 사실이 조선족 사회의 심각한 변화를 대변하고 있다.
우리 민족 성원들이 농촌을 떠나, 지방 소도시를 떠나 대, 중 도시 또는
해외로 진출하는 것은 진보적 현상이라고 할 수 있고 또 시대 흐름에 발
걸음을 같이 하였다고 할 수 있다.

하지만 원 거주지를 떠나는 사람들, 특히 해외로 향한 노무자들은

왕왕 이렇게 말한다. '농사만 지어서는 먹고 입은 것 밖에 해결하지 못한다', '농사 지어서는 자식공부도 못 시킨다' 또 '좀 더 잘 살려서 역시 밖에 나가야 한다' 등등, 물론 이러한 생각이 틀리지는 않다. 여기서 제출하고 싶은 의문은 현재 해외 노무에서 상술의 욕망을 실현하였는가, 또 가령 실현하였다면 그 후에 또 무엇을 할 수 있는가 하는 문제이다. 즉 다시 말하면 우리의 해외 노무의 결실은 어떻고 또 미래를 위하여 얼마나 준비되었는가 하는 것이다. 그러나 현실을 보면 유감스러운 일이 많다. 그 조목들을 말하면 다음과 같다.

첫째, 해외 노무자 가운데 많은 사람들은 돈 버는데 그친다. 그들은 돈을 벌어 그냥 써 버리는 경우가 많다. 그리고 돈이 없을 때는 또 출국을 시도한다.

둘째, 해외 노무자 대부분은 항상 노무자로 자처하고 미래에 대한 구상이 결핍하다. 그들은 우리가 또 뭘 할 수 있나하면서 새로운 지식과 기술 터득을 등한시한다.

셋째, 많은 해외 노무자들의 가정, 자식 등 현실을 보면 소망 달성보다 문제가 더 많다.

만약 위의 조목이 아주 틀리지 않다면 필자는 이렇게 말하고 싶다. 우리 해외 노무자들이 번 돈은 이국에서 각종 학대를 받으면서 긴긴 시간 일을 한 피와 땀의 대가이고, 가족들에 대한 근심과 그리움의 안타까운 마음을 달래면서 일한 대가이며, 특히 자식들을 잘 돌봐 주지 못하였다는 죄책감에 시달림을 받으면서 일한 대가이다. 이러한 대가에 비해 그 결과는 과연 지당한가? 그리고 해외 노무에 따른 가정의 해체, 자식들의 텅 빈 마음 및 이에 따른 타락, 부모를 모시지 못한 불효 등 어찌 돈으로만 계산할 수 있으랴! 이에 대하여 우리 한번쯤 검토해 보아야 할 것이다.

우리 조선족은 민족의 여러 우세로 도시 진출, 해외 진출에 앞장을 섰다. 특히 한국을 비롯한 해외 진출은 조선족 가정의 생활을 더욱 윤택하게 하였을 뿐만 아니라 민족 경제 발전의 자금 축적에도 크게 기여할 수 있다. 이는 기타 민족에서 찾아 볼 수 없는 우세이다. 하지만 이러한 우세가 영원한 것은 아니다. 때문에 우리는 이러한 기회를 귀중히 여기고 장원한 타산으로 힘들게 번 돈을 가정과 민족 경제기반 닦기에 잘 이용함으로 조선족 사회 재발전의 밑거름이 되도록 하여야 한다.

현재 우리에게는 해외 노무를 통하여 자금 축적이 일정히 되어있다. 그리고 우리 민족 발전에는 기타 유리한 여건들도 마련되어있다. 그 하나는 당중앙의 동북재진흥정책이고 또 하나는 새 농촌건설의 정책이다. 우리는 이러한 정책들을 이롭게 활용하여 민족 발전에 기여하도록 노력하여야 한다. 그리고 동북아지역 개발구상도 민족 발전에 큰 도움이 되리라고 기대할 수도 있다.

다만 현실을 보면 우리 민족 성원들에게 결핍한 것은 장원한 타산과 지속적인 개척정신이다. 때문에 힘들게 번 돈을 더욱 유용하게 쓰지 못하고 흔적 없이 날려 보내는 경우가 많다. 더 심각한 것은 일부 사람들에게 있어서 돈은 향락을 조장하고 의지를 소침하게 하는 장본인으로 되기도 하였다.

우리는 선조들의 개척정신을 잊어서는 안 된다. 당년에 우리 선조들이 두만강, 압록강을 넘어 동북지역에 생활하게 것은 본의는 아니었지만 그들이 악착스럽게 이 땅을 개척하였기 때문에 정착하게 된 것이고 또 현지 사회의 인정을 받은 것이 아니겠는가! 선조들이 우리에게 남겨준 것은 불굴의 개척정신이다. 물론 우리에게 개척정신이 없는 것은 아니다. 우리가 개혁개방에 앞장선 것도 개척정신이 있기 때문이다. 하지만 이것은 단지 첫 단계의 개척에 불과한 것이다. 사실 지속적인 개척정신이 결핍한 것은 장원한 타산의 결핍에서 비롯된 것이라고 할 수 있다. 우리 민족이 격렬한 경쟁속에서 살아남자면 반드시 선조들의 개척정신을 이어받아 우리 민족의 입지를 튼튼히 할 수 있는 기반을 다져야 한다.

『흑룡강신문』, 2006.7.11.

# '화합과 공존'의 이념을 위하여

세계화의 흐름 속에 화합과 공존의 개념은 새로운 것이 아니다. 그리고 부동한 환경에 처해 있는 세계의 각 국가, 각 민족 간의 화합과 공존은 쉽게 이루어지지 않을 것이고 시일도 오래갈 것이다. 하지만 지금 우리 겨레 앞에 놓인 현실 과제에 화합과 공존 이념의 실천은 어느 때보다 중요하고 필요하다고 하겠다.

우리 겨레는 냉전체제하에 남북이 나뉘었고 근대 외래침략으로 여러 나라에서 재외동포 사회를 형성시켰다. 지금에 와서 남북이 교류하고 화해하는 길로 나아가고 있지만 분단 현상은 개변되지 않았다. 재외동포 사회도 부동한 정치, 경제체제하에서 민족동질성이 결핍돼 가고 있으면 이질성에 따른 갈등과 불화를 많이 낳고 있는 것이 지금의 현실이다.

우리 겨레의 내일을 위하여 남북이 통일되고 재외동포 사회와 모국과의 윤활한 관계도 수립되어야 한다. 이런 차원에서 화합과 공존의 이념은 서로의 조화를 제시하고 화합과 공존의 실천은 서로의 힘을 합치게 함으로 우리 겨레의 앞날을 더욱 밝게 할 것이다.

그럼 화합과 공존의 과제는 어떠한 것이며 또 어떻게 실현해 나가야 하는가? 과제의 목적성과 중요성에서 보면 첫째, 남북의 화합과 공존이고 둘째, 한국과 해외 동포 간의 화합과 공존이고 셋째, 한국지역민과 재한 조선족의 화합과 공존이며 넷째, 재한조선족 문제 해결을 둘러싼 시민단체 간의 화합과 공존이라 할 수 있다.

다른 한편, 실천성에서 보면 위와 반대로 해당 시민단체 간의 화합과 공존, 한국지역민과 재한 조선족 간의 화합과 공존 등으로 올라가는 문제해결 방향을 설정하고 우선 서로의 갈등과 불화를 낳는 원인을 없애야 한다.

이러한 시점에서 현재 재한조선족유학생 네트워크와 가리봉 중국 동포타운이 나서서 재한 조선족과 한국 지역민 간의 갈등 해소와 상호 이해의 장을 만드는 실험이 아주 중요한 계기로 될 것이라 본다. 그들이 현재 진행하고 있는 주요한 활동은 곧 다가오는 추석명절에 "화합과 공존"의 문화학술행사이다. 문화행사는 재한 조선족유학생의 위문공연과 지역민과의 체육경기이고 학술행사는 중국 조선족 사회를 재조명하는 학술회의로 계획하고 있다. 이러한 행사의 목적은 재한 조선족의 이미지 개선과 한국 지역민과의 상조, 상생을 도모하는 데 있다.

세상의 모든 일은 시작이 있는 법이다. 그 시작이 비록 초라하고 미소하지만 그 목적이 명확하고 행동이 올바르다면 시작이 절반이라고 그 일은 꼭 성사할 수 있을 것이다. 이러한 시점에서 보면 앞에서 말한 재한 조선족유학생과 가리봉 중국 동포타운의 "화합과 공존"을 위한 노력도 현재는 아주 미미하지만 시간의 지남에 따라 요원이 불길처럼 훨훨

타올라 한국 국민과 조선족 사회의 큰 호응을 받으면서 묵직한 결실을 맺으리라고 확신한다. 더불어 더 많은 사람들의 관심과 동참을 기대해 본다.

그리고 중국, 일본, 미국 등 동포사회에서도 한국인, 조선족, 조선인, 재일조선인, 재미조선인 할 것 없이 모두 서로 협력하고 공조하여 민족의 화합과 공존을 위해 노력한다면 우리 민족의 미래가 더욱 밝을 것이고 세계에서 민족의 위상이 더욱 빛날 것이다.

『흑룡강신문』, 2006.7.18.

# 급속한 인구 이동에 앓는 조선족 사회

급속한 인구 이동에 따른 부정적인 영향도 무시할 수 없다. 조선족 인구 이동과 더불어 나타난 조선족 집결지역의 인구 소실, 민족 교육의 축소, 도덕적 퇴폐 등 일련의 문제로 하여 유지인사들이 고민하고 있는 것도 사실이다.


## 1. 집거지의 인구감소

80여 만 명의 조선족이 생활하고 있는 연변조선족자치주의 경우 1996년부터 조선족 인구의 마이너스 증가를 보였으며 1996-1997년에 한족인구는 3,399명이 늘어나고 조선족 인구는 3,565명이 줄었으며 한족이 차지한 비율은 57.81%에서 57.99%로 늘어나고, 조선족의 비율은 39.33%에서 39.18%로 줄었으며 2000년에는 38.55%로 줄어들었다. 그리고 조선족 인구가 절반 이상 차지한 연길시, 도문시, 용정시, 화룡시의 조선족 인구는 연길시를 제외하고 모두 감소하는 추세를 보였다.

개혁개방 이후 조선족은 산해관 이남지역으로 대량 진출하여 분포지역을 이전보다 넓혔지만, 민족 전통 문화의 상실을 가속화시켰다. 현재 20만 내외의 이동인구가 산해관 이남 지역에서 한족의 겹겹 포위 속에 있는 상황을 창해일속(滄海一粟)으로 형용하여도 과언이 아니다.

## 2. 출국붐과 인구감소

지금까지 해외에 있거나 해외 경력을 가진 조선족은 연인원 30만 명이 넘었다. 이 가운데 조선족 여성들의 해외 진출을 홀시할 수 없다. 단적인 예로 주중 한국영사관의 자료에 의하면 1993-1996년 사이에 국제결혼(위장결혼도 포함) 명의로 한국에 시집간 조선족 여성들이 21,000여 명에 달한다고 한다. 그리고 연변조선족자치주 민정국의 통계에 의하면 1993- 2001년까지 전 자치주에서 국제결혼을 한 숫자가 18,885명이고 이 가운데 18,000명이 조선족 여성이며 또 조선족 여성 가운데 미혼여성이 9,540명(전체의 53%)이라고 한다. 불완전통계의 의하면 2002년 현재까지 모두 6만 명이 넘는 조선족 부녀들이 국외로 시집갔다고 한다. 수많은 여성들의 해외 유실은 원래 인구증가율이 낮은 우리 민족의 인구를 더욱 줄이고 있다.

위에서 볼 수 있는 바와 같이 200만 인구에서 몇십만 명이 조선족 집결지역을 떠나 움직이고 있다는 사실은 조선족 지역이 공동화(空洞化)되고 날로 축소되어 가고 있다는 것을 의미한다. 또 반면에 이것은 한족들이 조선족 개척지역에로의 점진적인 침투를 의미하였고 이에 따른 심각한 문제는 조선족이 민족성을 보존하고 지탱하여 온 공간이 날로 작아지고 있다.


### 3. 민족 교육의 약화 현상

조선족 인구의 대량 이동은 민족 교육의 약화 현상을 초래하고 있다. 중국 조선족에게 있어서 민족 언어와 문자는 민족의 중요한 특징이었다. 민족 교육은 민족성을 살리고 민족 언어와 문자의 사용, 보존 및 발전 등 방면에서 제일 중요한 역할을 하고 있다. 이러한 민족 교육이 조선족 인구의 낮은 증가율과 대량의 이동에 의하여 날로 약화되고 있다.

조선족 농촌 인구의 감소는 농촌의 학교 운영 문제를 심화시켰다. 왜냐하면 농촌학생 지원자가 날로 줄어들고 있기 때문이다. 그리고 도시에 진출한 사람들의 자녀들은 고향친척들에게 의탁하여 학교에 다니는 경우에는 학습과 생활단속이 결핍되고, 도시거주지에서 공부하는 경우에는 경제적으로 아주 큰 부담이 되고 민족 언어와 민족 문화에 대한 습득이 어렵다.


### 4. 처녀들의 대량 유실

조선족 농촌 인구 이동가운데 하나의 특징은 여성 인구, 특히 미혼여성들의 대량적인 이동이다. 현재 조선족 농촌은 미혼여성들이 거의 보이지 않는다. 이 상황은 많은 조선족 농촌의 성별비례의 불균형을 초래하였으며, 보통 미혼남녀 청년비례가 20:1이며 어떤 곳에는 예컨대 길림성 화룡시 한 변강진의 경우 1996년에 남녀 청년비례가 40:1에 달하였다. 그리고 2001년 연변조선족자치주에서 9개 향진의 23개 촌의 조사에 의하면 20세 이상의 조선족 여성 청년이 520명인데 410명이 출국 또는 도시로 떠났다고 한다. 때문에 허다한 조선족 농촌에는 장가갈 나이에 대상자를 구하지 못한 노총각들이 많이 나타나고 있다.

조선족 농촌청년들의 혼인문제는 아직 심각한 사회문제를 초래하지 않았지만 문제의 중대성은 이미 기미를 보이고 있다. 만약 이러한 문제를 제때에 해결 또는 완화하지 못한 상태에서 일정한 시일이 지나면 우리 민족의 사회 안정에 아주 불리한 영향을 끼치게 될 것이다. 뿐만 아니라 조선족 인구성장에도 아주 불리하다.

## 5. 농촌간부의 유실

농촌 인구의 이동대군 가운데 원래 농촌기층 간부를 담임한 청장년이 적지 않았다. 이들은 원래 두뇌가 비교적 명석하고 생각이 밝은 사람들로 비교적 일찍이 도시 진출과 해외 진출에 참여한 부류에 속한다. 이들이 원래의 촌간부책임을 버리고 농촌을 떠나므로 조선족 농촌 기층간부대오의 역량을 크게 약화시켰다. 소개에 따르면 어떤 조선족촌에는 7명의 촌간부 가운데 출국 또는 도시 진출한 자가 4명이 되고 어떤 마을에는 26명의 공산당원 가운데 촌을 떠난 자가 12명이나 된다고 한다.

때문에 어떤 곳에서는 촌간부의 떠남으로 그 자리가 비어 있는 한편 마을의 좀 능력이 있는 청장년들도 거의 집에 있지 않으므로 촌간부책임을 질 사람이 거의 없었다. 심한 경우에는 마을에서 적당한 간부후보인을 찾지 못하여 향진정부에서 기관간부를 파견하여 촌간부를 겸임하기도 하고 또는 부근의 한족마을에 가서 간부를 데려다 쓰는 경우도 있었다. 농촌기층간부의 유실과 그 후계자의 부족함은 일부 조선족 마을의 운영이 문제로 되고 있다.

## 6. 한국붐에 따른 문제

그 현상의 하나는 현재 조선족 사회는 '한국바람'에 들떠있으며 향후의 생활을 한국노무에 걸고 만사를 제쳐놓고 한국 가는 꿈만 꾸고 있고, 두 번째로는 일부 불법자들의 소위 한국 입국수속의 미명하에 기만당하여 가산을 탕진한 경우가 부지기수로 이는 조선족 사회의 안정을 파괴하고 불안감을 초래하고 있으며, 세 번째로는 법률과 도덕을 뒤에 두고 출국을 위하여 수단을 가리지 않고 여권과 비자를 위조하고 위장결혼을 하며 심지어는 밀행까지 기도하는 경우가 적지 않다.

하지만 도시화 과정에서 농촌 인구 이동을 비롯한 일련의 현상과 문제점은 불가피하다. 우리에게는 이러한 과정이 다른 민족에 비해 **빨리** 접하였기에 문제도 먼저 나타났을 따름이다. 우리가 해야 할일은 곤란에 위축되지 말고 현황과 문제점을 정확히 파악하고 이에 대응하는 것이다. 물론 현재 중국 조선족 사회에서는 상술의 문제를 해결하기 위하여 적극적으로 노력하고 있다.

『길림신문』, 2006.9.16.

# 우리에게는 그래도 희망이 보인다

도시화 물결과 "한국바람"은 우리 사회에 아주 엄청난 변화를 가져다 주었다. 예전에 생각하면 곧 무너질 것 같기도 한 우리의 전통 집거지인 농촌 마을도 많이 흔들림에도 불구하고 현재 우리에게 희망의 불꽃을 보여주고 있다.

얼마 전 필자는 흑룡강성 목단강지역 조선족 농촌들을 약간 돌아보았다. 여기의 조선족 농촌도 기타 지역과 같이 인구, 교육 등 방면에서 많은 어려움을 겪고 있으며 마을도 스산한 감이 없지 않으나 농촌을 지켜가고 있는 우리 겨레들이 장하게 보였다.

이 자리를 빌어 영안시 와룡조선족향 영산촌의 일을 좀 적어볼까 한다.

영산촌은 영안시에서 41km, 와룡향소재지에서 15km 떨어진 아담한 산촌으로 촌장 겸 촌당지부서기의 경우 현재 마흔을 갓 넘은 걸걸한 사나이로 19살 때부터 장사를 하기 시작하였는데 썩 크게는 하지 않았지만 생활하는 데는 아무런 근심걱정이 없었다. 2000년부터 촌장직을 맡아 마을 일에 관심을 돌리고 어쨌든 마을을 잘 꾸려보려고 노력하였다. 하여 원래 촌의 채무 20여 만 원을 모두 갚고 현재는 20여 만 원의 축적까지 있게 되었다. 더욱 중요한 것은 촌장은 이전부터 하던 장사를 현재도 하고 있으며 일정한 수입이 있어 농사를 짓지 않아도 얼마든지 여유가 있지만 현재 논을 2.5헥타르나 경영하고 있다. 촌장의 말을 빌리면 "마을에서 장가 못 가고 흥청망청 세월만 보내고 있는 총각들에게 보이기 위한 것이고 그들에게 부지런히 일하고 노력하면 장가도 가고 가정생활도 윤활하게 할 수 있다는 용기와 신심을 불러일으키기 위한 것이라"고 한다. 그리고 고향건설을 위하여 촌장은 도시와 해외 진출한 영산촌 출신 인사들과의 연대를 강화하고 그들이 고향건설에 힘을 이바지할 수 있는 길도 구상하고 있다.

영산촌의 회계 또한 젊은이의 본보기로 될 수 있다. 올해 역시 마흔을 갓 넘은 회계는 2001년에 30만원을 대부하여 논 9헥타르를 마련하고 농사짓기에 집념하였으며 현재는 15헥타르의 논을 경영하고 있다. 이외 회계는 촌의 일에도 한 몫을 담당하고 있다.

촌 지도부의 헌신적 노력과 촌민들의 협력으로 호적인구 1,400명이나 실제 800명밖에 되지 않은 영산촌은 지금도 조선족 마을의 순수성을 지키고 조상들이 개간한 땅을 자기 힘으로 경영하고 있다. 영산촌이 우리에게 주는 계시를 귀납해보면 아래와 같다.

첫째, 촌지도부 성원들이 조선족 마을에 대한 명확한 의식이 있어야 한다. 우리의 전통마을들은 보통 몇 세대를 유유히 이어서 지금까지 건설하여 온 우리의 근거지였다. 촌지도부 성원들이 먼저 마을은 선조들이 개척한 땅에 세운 마을로 우리 세대에 와서 무너지면 안 된다라는 명확한 의식이 있어야 마을을 지키려는 마음과 실제적 노력이 있을 것이다.

둘째, 마을인구가 감소되고 있는 상황에 우리 땅을 지킬 수 있는 길은 오직 규모경영의 길밖에 없다. 소수 사람이 마을의 논을 모두 경영할 수 있다면 마을이외의 사람들이 들어 설 곳이 없고 땅이 그들에게 넘어갈 리가 없을 것이다.

셋째, 고향마을을 지키는데 마을의 남은 사람뿐만 아니라 마을을 떠난 사람들도 항상 관심과 심혈을 기울어야 한다. 어디가나 잊지 못하는 것이 고향의 정다움과 그리움일 것이다. 고향을 떠난 사람은 단지 고향의 정다움, 그리움에만 집착하지 말고 고향을 위하여 힘을 기여하는 의무감과 책임감이 있어야 한다. 때문에 어떻게 하면 남아서 고향을 지키는 사람들을 위로하고 어떻게 하면 고향건설에 힘을 기여할 수 있는가 하는 등 문제에 대하여 심사숙고할 필요가 있다.

도시화는 시대 흐름의 거세 찬 물결이기도 하다. 전통적으로 농경 위주인 우리 민족도 이제는 농경민족의 탈을 벗고 도시 민족으로 발돋움해야 하며 현재는 그 방향으로 나아가고 있다. 하지만 우리의 "대 후방"인 농촌집거지 건설에도 등한하여서는 안 된다. 왜냐하면 땅은 영원한 것이고 조상들이 개척한 땅인 전통집거지는 우리 민족의 대물림 보배이며 우리 민족의 기반이기 때문이다. 혹시 "세계가 지구촌"이라고 운운하고 있을 때 민족에 너무 집착하지 않았느냐는 질문도 있을 수 있지만 필자는 항상 "민족이란 인간공동체가 있음으로 국가가 있고 세계가 있는 것이며 세계인으로 되려면 먼저 훌륭한 애국자와 애족가가 되어야 한다"고 생각한다.

현재 중국 조선족의 도시 진출과 해외 진출로 일부 학자들은 더 큰 안목으로 중국 조선족을 "세계 조선족", "동아시아 조선족"으로 구상하고 있는데 이것은 앞으로의 발전 방향이라고 할 수 있다. 하지만 우리는 이보다 더 먼저 중국 조선족의 기반을 튼튼히 하는 작업을 해야 하는바 그것이 날로 축소돼 가는 우리 농촌을 국가의 새 농촌 건설구상과 더불어 사람은 적어도 원래의 땅을 지킬 수 있고 살기 좋은 마을로 건설하는데 우리 모두 힘을 기울여야 한다. 따라서 우리 농촌 마을에 영산촌처럼 부지런하고 앞을 내다보면 사는 사람들이 많아지면 우리 농촌이 왜 피폐화해 지겠는가? 그리고 밖에 나간 사람들이 고향을 위하여 많은 일을 할 수 있다면 우리 전통집거지가 더욱 훌륭히 발전하지 않겠는가?

우리에게는 그래도 희망이 있고 미래가 보인다.

『흑룡강신문』, 2006.10.10.

# 도시 민족 교육의 중요성

## 1. 문제의 제기

조선족은 문화를 숭상하고 교육을 중요시하는 민족이다. 과거 그처럼 간고한 이주 정착 시기에도 마을이 생기면 서당이나 학교가 바로 생겨 글 읽는 아이들의 낭랑한 목소리를 들을 수 있었다. 한족이 절대다수를 차지한 이 땅에서 우리의 농촌 집거지와 수많은 민족학교는 현재까지 민족의 언어 문자와 문화를 잃지 않고 고스란히 유지해 올 수 있는 토대이었고 민족 사회의 유유한 전통이었다. 하지만 이 토대도 도시 진출과 인구감소 등으로 많이 흔들리고 있다. 농민들의 도시 진출은 농촌 집거지 민족 교육 약화의 중요한 원인의 하나로 되었고 동시에 도시 민족 교육 문제를 더욱 돌출하게 만들고 있다. 따라서 도시 민족 교육의 현 상황은 어떻고 문제점을 무엇이며 어떻게 도시 민족 교육을 발전하는가 하는 등 문제는 전반적인 민족 교육 문제와 밀접히 연계되어 있다. 이러한 의미에서 도시 민족 교육, 특히 산해관 이남의 도시 민족 교육에 대한 파악과 연구도 아주 필요하고 중요하다고 하겠다.

## 2. 민족 교육의 흐름

우리 선조들은 지난 긴 세월에서 문화와 교육의 중요성을 터득하고 자녀의 교육을 게을리 하지 않았다. 그들은 자신이 굶어도 자식만은 공부를 시킨다는 굳은 신념을 안고 공부하자는 자식은 어디까지나 공부를 시키려고 노력하였다. 그래서 과거 우리 농촌에는 촌마다 학교가 있을 정도로 민족 교육이 크게 보급되었다. 그리고 이러한 전통이 있었기에 지난 한 세기에 조선족 교육은 어느 민족보다 앞장에 설 수가 있었다.

더욱이 중화인민공화국 건립 이후 민족 교육을 중요시하는 우량한 전통과 중국공산당의 정확한 민족정책의 지도하에 조선족 교육은 더욱 빛을 낼 수가 있었다. 조선족 지역에서는 1952년에 소학교보급을 하였고 1958년에는 중학교교육을 기본상 보급하였다. 그리고 1949년 설립한 연변대학은 중국에서 처음으로 개설된 민족대학이고 1958년에 용정에 설립한 여명농업대학 역시 전국에서 처음으로 설립된 농민대학이었다. 1990년대 중반 연변의 각 대학이 합병하기 이전 연변조선족자치주에는 연변대학, 연변의학원, 연변농학원, 연변예술학원, 연변사범단과 대학 등 5개소의 대학이 있었다. 하나의 지구급 지역에 이렇게 많은 대학이 있다는 것은 아주 이례적이며 중국 어느 곳에서도 볼 수 없는 정경이었다.

중국 조선족의 교육열은 민족의 소질향상에도 크게 기여하였다. 현재 중국 조선족의 교육 수준은 기타 민족보다 크게 앞섰다. 예컨대 매만 명당 인구에서 연구생, 대학생, 중학생 등 소유량을 보면 조선족수준이 기타 민족보다 평균 2-3배가 높았다.

## 3. 도시 민족 교육의 현황

　과거 우리 민족 교육의 중요한 장소는 농촌 마을이었다. 농촌 마을은 우리의 상대적인 집거지로 민족의 문화를 보존하고 민족 교육을 진행할 수 있는 가장 중요한 진지이었다. 이와 같은 민족 교육의 판도는 과거 몇 십 년 동안 여전하였다. 하지만 중국의 개혁개방과 더불어 민족 교육의 환경이 전에 없는 어려움에 봉착하고 있는 것이 오늘의 현실이다.

　개혁개방 이후 조선족 사회에서 나타난 제일 돌출한 현상이 인구 이동이었다. 농민들이 시골에서 현성으로, 현성에서 대, 중도시로, 동북집거지에서 산해관을 넘어 남쪽으로, 남쪽으로 향한 이동은 끝이 없었다. 도시로 향한 인구 대이동이 낳은 중요한 결과의 하나가 농촌 민족 교육의 축소이었다. 다른 한편 농촌조선족 인구의 도시 진출은 동북지역 도시의 민족 교육규모를 상대적으로 확대하였지만 산해관 이남에는 민족 교육을 접촉할 장소마저 없는 어려움에 직면하지 않으면 안 되었다. 이러한 상황을 개변하기 위하여 조선족 교육인사들이 많이 고민하고 노력한 끝에 현재는 청도, 북경, 천진 등 도시에 몇몇 조선족 학교가 설립되어 있다. 하지만 거주분산, 정책환경, 학교신축, 재정곤란 등 어려움으로 도시 민족 교육은 아직 아주 초보적인 단계에 머물고 있는 것이 오늘의 현실이었다.

## 4. 도시 민족 교육의 출로

도시화 흐름은 앞으로도 계속될 것이고 민족의 도시화 과정은 필연적이다. 현재 몇십만 명에 달하는 조선족 인구가 산해관을 넘어 중국의 대, 중 도시에서 새로운 삶의 터전을 마련하고 있다. 만약 동북 3성의 여러 도시에 집결된 조선족 인구까지 합하면 우리 민족의 도시 인구는 이미 상당수에 달할 것이다. 조선족 인구의 분산과 민족 문화의 약화에 따라 도시 민족 교육의 필요성은 더욱 크게 증대되었다. 이에 따라 민족 교육을 바라보는 우리의 시각과 자세를 새롭게 해야 할 때가 왔다고 생각한다.

우리에게 민족 교육은 민족 언어 문자의 사용과 보전, 민족 문화 전통의 유지와 발전 및 민족 연대성을 강화하는데 없어서는 안 되는 중요한 여건의 하나이다. 도시화와 더불어 우리의 민족 교육은 과거의 농촌 중심에서 점차 도시중심으로 전환되어야 할 것이며 도시 민족 교육의 사명은 더욱 중대해질 것이다. 따라서 우리는 어떻게 도시 민족 교육을 진행하고 발전해야 하는가에 대하여 많이 토론하고 실천에 옮겨야 할 것이다.

도시 민족 교육의 진행과 발전을 위하여 현재 우리가 시급히 해야 할 일이 있다. 그것인즉:

첫째, 도시 민족 교육의 필요성과 현실 상황에 대한 조사 연구를 진행하여 기초성적인 자료를 작성하여 널리 홍보하고 정부와 민족 성원들의 도시 민족 교육에 대한 중시와 호응을 얻어야 한다.

둘째, 당과 국가의 민족정책 및 민족 교육정책을 참답게 활용하여

행정당국에 민족 교육의 중요성, 절박성을 호소하고 당의 민족정책을 집행하는 중요한 조치의 하나로 정책적인 지지와 지원을 받도록 노력함으로 민족 교육진행의 유리한 환경을 조성하는데 힘을 기울여야 한다.

셋째, 민족 교육은 어디까지나 민족 내부의 일로 민족의 전체성원이 이를 고민하고 힘을 합쳐 꾸려나가야 할 것이다. 여기서 우리는 과거 동북해방 이후 조선족 민중들이 힘차게 일어나 민족학교설립에 모든 힘을 이바지하는 좋은 전통을 이어받아 매 개인이 힘이 자라는 데까지 도시 민족 교육의 진행과 발전을 성원하고 지원하였으면 한다.

『흑룡강신문』 주간지, 2006.10.29.-11.4.

# 방문취업제에 따른 한국어시험에 대한 단상

한국의 재중, 재러동포에 대한 방문취업제(방취제로 약칭)는 지난 십 몇 년 간의 재외동포정책에 대한 반성과 총화의 결실이라고 보겠다. 방취제의 실시는 현명한 재외동포정책의 일환으로 동포사회의 지지와 호응을 받았다. 하지만 방취제에 따른 한국어시험은 처음부터 찬반에 엇갈려 많은 물의를 빚고 있는 것도 사실이다. 필자는 방취제에 따른 한국어시험은 거의 불필요하다고 보고 있으나 방취제 대상 선정(특히 초기단계)의 일정한 조건으로 한국어시험을 실시한다고 생각하면 시험자체는 크게 무리라고 할 수 없다. 하지만 한국어시험과 관련하여 많은 문제가 대두할 것이라는 것은 꼭 염두에 두어야 할 것이다. 필자는 이 지면을 빌어 한국어시험의 정당성 여부를 떠나서 단지 한국어시험 자체의 영향에 대하여 몇 가지 생각을 적어본다.

주지하는 바와 같이 조선족은 중국 56개 민족의 한 성원이나 인구학적으로 절대 소수에 속한다. 이러한 인구적 열세속에서도 우리는 민족교육을 통하여 민족 언어, 문자를 포함한 민족 문화를 고스란히 지키면서 현재까지 왔다. 다른 한면 조선족이 중국주류 사회에 진출하자면 한 문화와 한어에 익숙해야 할 뿐만 아니라 능통해야 한다. 여기에 따른 것은 민족 성원들이 민족 언어, 문자를 포함한 민족 문화에 대한 상대적 소외이다. 그래서 과거에 "민족 교육 무용론", "민족 언어 무용론" 등이 우리 민족 사회에 떠돌았으며 따라서 일부 학부모들이 자녀들을 한족 학교에 보내는 현상이 드물지 않았다. 그리고 우리말 신문, 잡지의 주문 수가 날로 줄어들고 우리말 서적출판도 많이 축소된 상황이었다. 이러한 문제들이 지금도 존재하고 있지만 이전에 비하면 약간 좋아지는 조짐도 보이고 있다. 여기에는 한중수교 이후 급속히 불어오는"한류(韓流)"와 함께 한국어의 위상이 많이 높아진 것과 갈라볼 수 없다.

이러한 시점에서 방취제에 따른 한국어시험이 중국 조선족의 민족 언어, 문자에 대한 관심 증대와 민족 문화 보존과 발전에 일정한 기여를 할 수 있을 것이라고 기대하여 본다. 구체적으로 말하면,

첫째, 민족 성원들이 민족 언어, 문자에 대하여 더 많은 관심을 자아낼 수 있다고 본다. 우리 민족이 처한 사회 환경에서 보면 민족 성원들이 민족 언어, 문자에 대한 관심은 많이 약화되어 가고 있는 추세이다. 특히 도시에 거주하고 있는 조선족들은 민족 언어, 문자를 망각할 정도로 민족 언어, 문자에 대한 관심이 적어 보인다. 이런 상황에서 한국어 시험실시는 그 자체보다 더 큰 시너지 효과로 될 수도 있다.

둘째, 학부모들의 민족 언어, 문자에 대한 인식을 재정리하는데 도움이 될 수 있다. 현재 많은 조선족 적령 청소년들이 한족 학교에 다니는 사실은 기본적으로 학부모들의 의사에 따른 것이라고 볼 수 있다. 만

약 한국어시험이 학부모들의 민족어문에 대한 관심과 자녀들의 민족 언어, 문자습득에 주목할 수 있는 하나의 계기로 된다면 자연히 조선족 학교를 선호함으로 민족 교육 규모의 축소 추세를 어느 정도 막을 수 있지 않을까 생각해 본다.

셋째, 조선족 중소학교 학생들이 조선어문학습에 더 많은 흥미를 초래할 수도 있다. 현재 조선족 중소학교를 보면 농촌학교 학생들은 교내에서 그래도 조선말로 교류하나 현성, 도시의 조선족 학교 학생들은 교내에서도 대부분 한어로 교류한다. 이런 상황 하에서 한국어시험은 조선족 학생들이 조선어문학습에 더 많은 관심을 갖게 할 수 있을 것이다.

넷째, 조선족 학생들이 적어도 고급 중학교를 졸업할 수 있는 힘이 될 수도 있다. 과거 우리 조선족들은 도시, 농촌 할 것 없이 거의 고급 중학교까지 다녔다. 그러나 현재 우리 조선족 적령학생 가운데 많은 학생들이 여러 조건으로 고급 중학교까지 진학하지 않고 기껏해야 초급중학교에서 공부를 마치는 경우가 적지 않다. 특히 농촌출신의 학생들이 더욱 그렇다. 이는 우리 민족의 전체소질 향상에도 소극적인 영향을 초래하게 된다. 따라서 현재 방취제와 한국어시험이 언제까지 실시하는지는 모르지만 가령 일정한 기한 내에 계속 실시한다면 출제도 현재의 초기단계수준을 초월하여 적어도 고급 중학교 졸업수준에 상응하는 출제방향으로 나갈 수도 있다. 때문에 한국어시험이 금후 조선족 학생들이 고급 중학교까지 다니려는 의욕증대에 일정한 도움이 될 수도 있다.

물론 위의 기대는 어디까지나 추측에 불과하다. 한국어시험이 정말 그만큼 효과를 낼 수 있는가도 문제이지만(만약 건전하게 진행되면 좋은 효과를 기대할 수 있지만) 한국어시험의 정당성 여부, 시험장소 선정 및 시험에 따라 나타날 수 있는 역효과 등도 생각하지 않을 수 없다. 여하튼 방취제가 순조롭게 실시되고 한국어시험에 따른 비리도 최소한 적었으면 하는 기대를 걸어 본다.

『흑룡강신문』 주간지, 2007.4.22.-28.

# 한국방문취업제를 둘러싸고

얼마 전 한국 국회에서 고용허가제 개정안이 공식 통과함에 따라 중국 조선족의 한국 진출이 더욱 자유롭게 될 수 있는 전제를 마련하였다. 이것은 참 다행스러운 일이다. 이러한 제도시행은 중국 조선족의 한국 진출이 더욱 쉽게 이루어지게 될 것이다. 하지만 이 제도시행을 위해 사전준비가 잘 되었는가가 문제이다. 즉 다시 말하면 방문취업제의 대상을 어떻게 선정하고 이들에 대한 교육 또한 어떻게 할 것인가에 대하여 아직도 명확치 않은 것으로 알고 있다. 그럼 필자의 생각을 적어보려 한다.


## 1. 선정 대상에 대하여

현재 한국에 10여만 명의 조선족이 있고 또 연인원으로 보면 수십만 명이 한국행을 이룬 현황을 볼 때 일정한 능력을 가지고 한국에 가고자 하는 사람들은 이미 한국행을 이루었다고 본다. 중국에 남아있는 조선족, 특히 농촌에 있는 청장년들은 한국에 아무런 연고도 없으며 돈을 쓰고 갈 형편도 되지 않은 사람들이라고 볼 수 있다. 때문에 먼저 가정 상황이 어려운 농촌청장년들을 염두에 두어야 할 것이다. 이 가운데 경제력 등의 결핍으로 장가를 가지 못한 농촌 노총각에 대한 보살핌이 더욱 필요할 것이다. 이는 조선족 농촌청년들의 대상자를 찾기 어려운 상황을 완화하는데 큰 도움이 될 것이며 나아가서는 조선족 인구증가에도 큰 힘이 될 것이라고 본다. 다음은 고급 중학교(한국의 고등학교) 또는 직업학교까지 졸업한 청년들을 우선적으로 선정하여야 한다. 이는 중국 조선족 농촌아이들의 상급학교 진학과 직업교육 접수에 열정을 불러일으키고 지금 많은 조선족 아이들이 초급 중학교도 제대로 졸업하지 않은 현상을 제지하는데 큰 도움이 될 것이라고 본다.


## 2. 한국어 능력시험에 관하여

한국어 능력시험에 관하여 찬성과 반대가 엇갈려 있는데 필자의 견해로는 한국어시험이 필요하다고 본다. 이는 중국 조선족 아이들의 민족 언어와 문자를 배우는 열정을 불러일으킴으로 민족 문화 보존과 발전에 크게 기여를 할 수 있다. 하지만 한국어시험은 문법보다 대화와 민족 문화상식에 중점을 두는 것이 중요하다. 그리고 한국어 능력시험을 단지 선정의 제반조건의 하나에 불과하다는 것을 지적해 둘 필요가 있다.

## 3. 선정방법에 대하여

현재 시행 방안으로 한국어시험을 통한 무작위 추첨방법을 거론하고 있는데 필자가 보건대 어느 한 가지에 기울이는 것 보다 종합적인 선택이 필요하다. 현시점에서 구체방법으로 첫째, 조선족언론지를 통하여 선정조건, 방법 등에 대하여 광범위하게 홍보함으로 일부 사람들의 암거래를 차단한다. 둘째, 농촌이 우선적 대상으로 먼저 조선족향촌위원회에 선정대상의 상황소개와 추천을 위탁한다. 셋째, 위의 기초 하에서 일정한 설득력을 가진 지역조선족단체 또는 지성인모임과 지역 한국영사관 해당인사들이 회동하여 피선정인 상황에 대한 심사와 확인을 통하여 최후 결정하는 것이다. 그리고 사실위조사건, 부당 행위 등 비리가 생겼을 경우 당사자의 모든 혜택을 취소하는 등 매우 엄격하게 처리하므로 재발을 방지하도록 한다.

## 4. 선정대상에 대한 교육 문제

현재 중국 조선족 농민들은 한국행으로 생활 수준을 많이 높이였다. 하지만 힘들게 번 돈을 아껴 쓰지 않은 경향이 심하다. 심지어 동북지역에는 "조선족들이 한국에 가 번 돈을 현지 한족들에게 다 주고 만다"는 말이 흔하다. 그리고 한국에서 일하다가 중국에 돌아와서는 아무 일도 눈에 차지 않아 빈둥빈둥 놀다가 또 한국행을 바라는 경우가 많다. 때문에 선정 대상들에 대한 교육이 필요하다. 한국에 가서는 부지런히 일하고 될수록 한 가지 재간이라도 터득할 수 있도록 지도해주고 중국에 와서는 번 돈을 재생산에 유용하게 쓸 수 있도록 지도하는 것이 중요하다. 이를 위하여 해당한 교육기구 또는 단체의 설립도 중요한 일이다.

사실 중국 조선족은 한국이란 고국이 있어서 중국 기타 민족보다 행운스럽다. 하지만 중국 조선족이 이것을 잘못 이용하면 폐로 될 수도 있다. 왜냐하면 돈이 있는 불량한 소비는 오히려 돈 없는 것보다 못하다 때문이다. 우리 조선족 사회에는 한국에 가 번 돈을 돌아와서 탕진해 버리고 빈털털이가 되는 경우가 많다. 이는 본인에게 해로울 뿐만 아니라 조선족 위상에도 불리하다. 한 가지 현상을 들면 현재 한국에서 번 돈으로 도시에 집을 마련하는 경우가 많은데 이것은 순전한 소비에 지나지 않는다. 다른 한면 무턱대고 집을 마련하기에 현지의 집값을 높여 한족들의 원망도 듣고 있다. 생각하면 한심하기도 하다. 한국에서 힘들게 번 돈을 한족들에게 다 주면서 또 원망까지 듣지 않으면 안 되니 말이다. 우리는 한국의 소중함을 기억하고 한국에서 번 돈을 가정의 생산성, 생활상승과 민족 사회 발전에 유용하게 쓸 수 있도록 노력하여야 한다.

현재 우리 조선족들은 다시 한번 참답게 반성해야 할 때가 왔다고 말하고 싶다.

# 한국의 재중동포정책, 이래도 믿어야 되는지?

　중국 조선족의 한국 진출과 더불어 많은 시행착오를 거친 한국의 재외동포정책은 지난달의 재중, 재러 동포에 대한 방문취업제를 실시함에 따라 이제는 정리되어 가는구나 하고 생각하였다. 그리고 방문취업제와 관련하여 한국어시험도 한국어 위상을 높이고 중국 조선족 문화보존에 일정한 기여를 할 수 있다는 기대감으로 질의는 있지만 별말을 하지 않았다. 하지만 이번 한국어 시험장소 선정에 대한 소식을 접하고는 가만히 보고만 있을 수가 없었다.

　아래는 몇 가지 생각되는 바를 적으려 한다.

　첫째, 한국어시험의 취지는 무엇인지? 만약 방문취업제에 따라 무연고 동포를 대상으로 시험을 실시한다면 그 장소를 조선족이 제일 집결된 동북지역에 대부분을 두어야 하지 않는가? 현재 국외 진출과 산해관 이남 진출로 동북의 조선족 인구는 이전보다는 줄어들었지만 아직도 대부분이 동북지역에 집결되어있는 것은 사실이다. 하지만 시험장소를 보면 동북지역에는 장춘과 대련 두 곳 밖에 없다. 사실 동북조선족 인구의 분포상황을 볼 때 연변조선족자치주에 제일 집결되어 있는 것 외에 길림성의 길림지역과 통화지역, 흑룡강성의 목단강지역에 비교적 많이 집결되어 있고 도시로는 심양, 하르빈, 길림, 장춘, 대련 등에 많이 살고 있다. 이렇게 볼 때 시험장소로는 동북지역에 적어도 연길, 목단강, 심양, 하르빈, 길림, 대련 등이 포함되어야 할 것이다.

둘째, 한국어시험 대상을 무연고 동포라고 할 때 왜 그들이 많이 집결된 연변, 목단강 등 지역에 시험장소를 정하지 않았는지? 사실 무연고 동포라 할 때 한반도 북측출신이 상당한 비중을 차지하고 있는 것이 사실이다. 그런데 이들이 제일 집결된 연변, 목단강 등 지역은 완전히 제외되었으니 이것을 어떻게 이해하여야 되는지 갈피를 잡을 수가 없다.

셋째, 선택한 시험장소를 볼 때 이것은 중국인을 대상으로 하는 한국어시험이 아닌가 싶다. 시험장소 11곳 가운데 산해관 이남에 9곳으로 북경, 청도, 연대, 천진, 상해 등 지역은 그래도 조선족이 많이 분포되어 있는 곳이라고 할 수 있어 꼭 무리라고 말 할 수 없으나 남경이든가, 중경 등은 원래 조선족이 많은 곳이 아니다. 그리고 이런 지역의 진출한 조선족들은 이미 어느 정도 성공한 자들이 많으므로 꼭 한국에 가려는 자들도 동북지역에 비하면 아주 적다고 보아야 할 것이다.

때문에 만약 한국어시험대상이 중국인이 아니고 무연고 동포라고 하면 한국어시험 장소를 동북지역에 적어도 70% 이상 두어야 할 것이다. 그리고 이러한 정책제안을 내놓는 자에 대하여서는 중국실정에 너무 깜깜인지 아니면 또 다른 의도가 있는지 질의하고 싶기도 하다. 한중수교 15년, 더욱이 중국 조선족 문제로 하여 한국에서도 그렇게 많이 물의가 있음에도 불구하고 정책 제정자들은 중국 조선족실정을 이렇게도 모르는지 참 답답한 일이다. 조금만 유의하면 위의 시행착오 같은 것은 범하지 않을텐데!

『조글로』2007.4.3.
http://www.zoglo.net/blog/read/zhengxinzhe/62988/0/20

# 혼란스러운 "방문취업제"

　동포들의 고국방문취업을 자유롭게 한다는 취지의 한국방문취업제가 시행초기부터 많은 문제점을 초래하고 있다. 이에 즈음하여 『흑룡강신문』은 "한국방문취업제 어떤 파장 몰고 올까"라는 주제의 시리즈기사를 7차로 나누어 실었다. 기사를 본 필자는 마음이 많이 아팠고 또 많이 혼돈스러웠다. 왜 동포를 생각해서 제정 실시한다는 방문취업제가 이렇게 많은 물의, 불만과 불신을 초래하고 있는지? 한국의 해당 정책 제정자들은 중국실정 및 조선족 사회에 대하여 왜 이렇게도 무지하고 무감각인지? 참 답답한 일이 아닐 수 없다.

　주지하다시피 방문취업제의 취지와 동기에 대하여서는 모두 긍정적으로 평가하고 있다. 하지만 구체적인 정책 제정과 실행에 관하여서는 많은 물의를 빚고 있는 것이 사실이었다. 이 가운데 소위 무연고 동포 대상으로 시행하려는 "한국어시험"이 제일 큰 문제로 되고 있지 않는가 생각된다. 처음에는 필자도 한국어시험이 민족 언어, 문자 장악에 일정한 기여가 되리라고 기대하면서 꼭 반대는 하지 않았다. 하지만 현재 한국어시험을 둘러싸고 너무 많은 혼란을 초래하고 있는 상황을 볼 때 방문취업제에 한해서 한국어시험이 꼭 필요한지 의문이 갈 수밖에 없다. 그것은

첫째, 한국어시험 자체가 큰 의미를 갖지 못한다. 동북지역의 조선족들은 거의가 우리말을 구사할 수 있기에 특별히 한국어시험은 치르지 않아도 취직에는 지장이 없을 것이다. 그리고 가령 한국어시험을 통하여 일차적으로 한국에 꼭 나간다고 보장하면 시험 준비, 과정에서 좀 어려움을 당하여도 사람들은 감수할 수 있을 것이다. 하지만 사실은 시험 합격 후에 또 무작위 추첨을 받아야 한다. 다시 말해서 소위 한국어시험 자체에 큰 기대를 걸지 못하는 한편 신청자에게 불필요한 부담을 많이 조성하고 있다는 것이 문제이다.

둘째, 시험 장소 선정에서 조선족이 제일 집결된 동북에 중점을 두지 않은 것은 절대적으로 틀린 처사이다. 여기서 전체 중국인을 대상으로 하는 한국어시험과 방문취업제에 따른 한국어시험을 분명히 갈라놓아야 한다. 다시 말하면 방문취업제에 따른 한국어시험을 중국고시중심에 위탁한 것은 완전히 무리인 것이다.

셋째, 한국어시험에 따른 소위 한국어학원, 훈련반 및 각종 브로커들의 성행은 조선족 사회에 많은 혼란을 초래하는 '악'의 장본인으로 되고 있기 때문이다.

따라서 필자는 방문취업제에 따른 한국어시험 시행은 이득보다 폐단이 더 크기에 아직 때가 이르다고 본다. 한국어시험을 치르지 않고 직접 신청자에 대한 무작위 추첨으로도 선정할 수 있다. 우리는 신청자에

게 있어서 일차적 무작위 추첨이나 한국어시험 이후의 2차적 무작위 추첨이나 그 결과는 마찬가지이지만 지불한 대가는 천지차이라는 것을 알아두어야 한다. 방문취업제 실시 초기에 신청자들의 쇄도를 감안하여 꼭 조건부를 단다면 우선적으로 한국에 한 번도 가지 않은 자, 가정 상황이 아주 어려운 가정의 중, 청년 등 신청자에 한해서 우선 무작위 추첨을 통하여 선정할 수도 있다. 그리고 만약 한국어시험을 꼭 실시한다면 동북지역 위주로 시험장소를 정하고 그 지역 민족 교육 기구를 통하여 진행하는 것이 이치에 맞는 처사일 것이다.

총괄적으로 지금까지 한국의 중국 조선족에 관한 일련의 조치에서 보면 행동보다 말이 많이 앞섰으며 "빛 좋은 개살구"마냥 보기는 좋지만 하등의 실리도 없는 저급적인 시행과오를 많이 범하였다. 이 자리를 빌어 한국당국의 해당자들에게 제언하고 싶은 것이 있다. 하나는 재외동포정책, 특히 중국 조선족에 대한 정책 등을 제정실행 할 때 꼭 사전에 세밀한 조사를 거쳐 중국실정과 조선족 사회실제에 부합되는 정책을 제정실시하여 될 수록 시행과오를 피면 또는 적게 범하도록 하는 것이다. 또 하나는 조선족 문제는 항상 조용히 "내부"에서 다루어야 할 문제로 이를 가지고 중국 정부 상대로 협상한다는 것은 완전히 불가능하다는 것을 항상 기억하여야 한다는 것이다.

그리고 우리 조선족 사회에서도 "한국행"을 단지 생활향상의 하나의 기회로 간주하되 절대로 모든 희망을 "한국행"에 걸어서는 안 된다. 과거 우리 선족들이 중국 이주초기 땅도 없고 집도 없었지만 그들의 불굴의 의지로 중국 동북땅을 삶의 터전으로 개척하였고 우리 민족은 중국 기타 민족 못지않게 또는 더욱 풍요스러운 생활을 누리면서 우수한 민족으로 중국에서 기타 민족의 부러움을 받고 살아왔다. 이러한 성과는 우리 민족 전체의 피나는 노력으로 이룩한 것이다. 이전에 비해 더 유리한 여건을 갖춘 우리는 왜 중국에서 더 튼튼한 기반을 닦고 더 우수한 민족으로 발돋움하지 못 하겠는가? 현재 중국은 분초를 다투며 성장 발전하고 있으며 세계 각국의 주목을 받고 있다. 중국의 발전은 이미 중국땅에 튼튼히 뿌리를 내린 우리에게 더 많은 기회와 발전의 계기를 마련해 주었으며 노력만 하면 중국땅에서 우리의 위상을 더욱 높일 수 있을 것이다.

『흑룡강신문』, 2007.4.25.

# 중국 조선족 문화발전의 대책

　　개혁개방 이후 중국 사회는 몰라보게 변해가고 있다. 더욱이 중국 속의 소수민족 사회는 과거의 폐쇄로부터 개방으로 전환하는 과정에서 당면한 새로운 문제들로 하여 많이 고민하고 있다. 소수민족 문화의 발전도 인구의 도시화와 경제의 시장화로 많은 어려움을 겪고 있는 것이 오늘의 현실이다.

　　중국 소수민족의 하나인 조선족의 경우 과거 그들의 경제와 문화, 교육 발전상황이 중국 국내에서 상대적으로 우위에 차지한 민족임에도 불구하고 개혁개방 이후 그들 역시 많은 어려움에 시달리고 있으며 그들의 문화발전 상황도 낙관적이 못되었다. 아래 조선족 문화의 미래를 위한 대책을 검토하는 과정을 통하여 중국 조선족 문화의 바람직한 발전상을 그려보려 한다.

## 1. 민족 문화의 중요성

민족이란 그가 지닌 여러 특징에 의하여 존재한다. 한 조상을 모시고 같은 언어와 문자를 사용하며 그리고 어느 민족 집단에 함께 속하여 있다는 의식 등은 한 민족을 구성하는 주요한 요소들이다.

언어, 문자를 포함한 민족 문화는 한 민족이 기타 민족과 구별되는 주요한 특징의 하나이다. 사실 한 민족이 기타 민족에게 동화되었다는 것은 그 민족의 문화가 소실됐다는 것과 다름이 없다. 때문에 민족 문화의 보존과 계승은 민족이 살아남고 발전하는 기본적인 방식이라고 할 수 있다.

중국 조선족의 경우 백여 년 동안 중국에 뿌리를 내리고 하나의 민족집단으로 민족 정체성을 지키며 떳떳이 살아갈 수 있었던 것은 바로 우리 언어, 문자, 예술 등을 지키고 우리 민족 문화가 뿌리내렸기 때문이었다. 따라서 우리는 더욱 서로의 동질성을 확인하고 연대감을 강화시켰다.


## 2. 민족 문화 발전의 제 여건

중국은 한족인구가 절대다수를 차지한 다민족국가이다. 중국 소수민족의 하나인 조선족은 중국공산당의 민족평등정책의 지원하에 끊임없는 자기노력으로 자기 민족 문화의 발전을 도모하여 왔다. 개혁개방 이후 조선족 문화의 발전에는 많은 어려움이 있지만 희망도 없지 않다.

첫째, 현재까지도 우리 민족 문화의 기반이 든든한 것이다. 민족 문화 발전의 기초로서 현재 민족 교육이 어려움을 겪고 있지만 동북지역에는 조선족 교육이 유아교육에서 대학교교육까지 민족 교육의 체계화가 형성되어 있고 민족 성원들의 노력으로 동북조선족 집거지역에는 많은 조선족예술문화관과 문화관이 설립돼 있다. 그리고 현재 많은 조선족들은 중국문화와 환경에 적응하는 동시에 자기 민족 문화와 전통을 보전하려고 노력하고 있다. 대부분 조선족은 자기가 조선족임을 잊지 않았고 혼인에서 배우자를 조선족 가운데서 찾는 일을 당연하게 여기며 식생활에서 여전히 자기들의 전통적인 식습관을 따른다.

둘째, 당과 정부의 민족평등정책이 있다. 이는 우리 민족 문화를 보존하고 발전시키는 중요한 법적보장이다. 당과 정부는 소수민족 경제, 문화, 교육의 발전을 매 시기마다 상응한 정책과 제도를 내오고 소수민족 사회의 발전에 힘을 기울여 왔다. 가령 당과 정부의 민족평등정책과 소수민족 사회 발전을 위한 지원이 없었다면 민족학교, 민족출판, 민족신문, 민족방송 등 사업이 현재처럼 발전되지 못하였을 것이다. 때문에 당과 정부의 민족평등 정책과 각종 지원은 민족 문화와 교육이 앞으로도 계속 발전할 수 있는 유력한 보장이다.

셋째, 한국, 북한 등 국외 한겨레 사회와의 활발한 교류는 조선족 문화의 발전에 적극적인 요소가 된다. 중국 조선족은 한민족의 한 갈래로 이미 중국 다민족국가의 일원으로 되였지만 고국이 있는 과계민족(跨界民族)으로 역사적으로 형성된 본 민족의 기본의식과 감정을 소유하고 있다. 한국의 경이로운 경제성장과 한중양국의 경제, 문화 방면의 활발한 교류는 중국 조선족들에게 민족 동질성을 자각하고 민족적 자존심과 자신감을 부여하였다. 그리고 현재 전국적으로 부는 "한류"바람은 중국 조선족의 민족 문화 발전에 직접 또는 간접적으로 기여하고 있다.


### 3. 민족 문화 발전을 위한 대책

위에서 보다시피 현재 조선족의 민족 문화 발전 과정에는 많은 어려움도 있지만 유리한 여건도 적지 않다. 도전과 기회가 우리 앞에 동시에 존재한다. 우리는 유리한 조건을 활용하여 도전을 무사히 넘겨 민족 문화의 발전에 더욱 박차를 가해야 한다.

첫째, 튼튼한 경제력을 키워야 한다. 경제는 모든 사업의 기초이다. 개혁개방 이후 조선족 사회 발전 과정에서 생기고 있는 일련의 문제들은 거의 인구 이동에서 비롯되었으며 그것은 또한 경제 생활의 취약함에서 기인된다. 조선족 부녀들이 낳으라는 아이를 낳지 않는 것도 경제 문제가 주요 원인이며 특히 한족이 절대다수를 차지한 중국에서 소수 민족들이 민족 집거지역을 떠나 타 지역으로 떠나는 것도 경제가 주원인이었다. 가령 본고장에서 수입을 높이고 풍요로운 생활을 누릴 수 있다면 아무도 낯설고 동포가 없는 타민족지역에 돈 벌러 나가지 않을 것이다. 따라서 민족 경제를 발전시키고 조선족 지역의 경제토대를 튼튼히 하는 것은 우리 선조들이 개척하고 생활의 뿌리를 내린 민족의 전통적인 집거지역에서 민족의 얼을 지키며 살아가는 유일한 방법이다. 그리고 민족집거지의 재조성과 새로운 형성도 경제와 밀접히 연결되어 있으며 민족 문화사업도 튼튼한 경제가 뒷받침되어 있으면 더욱 확대발전시킬 수 있는 것이다.

둘째, 조선족의 상대적인 집거지를 조성하는데 노력하여야 한다. 민족의 일정한 집거지역은 민족성과 민족을 보존, 유지하는 근거지라고 말할 수 있다. 현재 조선족 사회는 인구 이동과 인구감소에 따라 민족집거 지역이 점차 축소되고 민족 교육이 위기에 직면하였으며 민족 문화의 보존과 발전에도 큰 제동이 걸렸다. 이러한 문제들을 해결하는데 좋은 방법은 원래의 민족집거 지역을 지키고 또 새로운 민족집거지를 건설하는 것이다.

민족집거 지역을 지키는 방법은 기존의 인구가 비교적 집중한 마을을 중심으로 인구가 많지 않고 산재한 조선족 마을사람들을 그 곳에 집결시키는 일을 참답게 추진하는 것이다. 다른 한면 우리 민족이라고 한 평생 농촌에서 오리처럼 논밭에서 헤매라는 법은 없다. 현재 도시화 과정이 하나의 필연적 추세라고 할 수 있는바 인구가 농촌에서 도시로 흐르는 추세는 막지 못하고 또 막을 필요도 없다. 문제는 소수민족 성원으로 도시 진출은 민족 인구의 분산화를 초래하므로 도시에서 민족 성원들의 상대적 집거를 위하여 새로운 민족집거 지역을 만드는 것이 중요하다. 우리는 도시로 진출한 조선족들을 될 수 있는 대로 모여 살도록 민족 사회내부에서 여론을 조성하고 함께 모여 생활할 수 있는 여건마련에도 힘을 기울려야 한다.

셋째, 자아주체성을 명확히 하여야 한다. 중국 조선족은 한반도 거주민과 동일 민족으로 심리, 성격, 언어 등 다방면의 동질성이 존재한다.

하지만 말 그대로 중국 조선족은 우선 중국 국민이다. 때문에 조선족은 중국 국민으로서의 자아주체성을 명확히 세우고 "감상적인 동포정서"에 집착하지 말고 선조들이 개척한 땅을 영원히 지킬 각오를 하며 이 땅의 주인으로 민족의 우수성이 떨어지지 않도록 소질향상에 힘을 기울여야 한다. 그리고 과경(跨境)민족의 특수성을 하나의 우세로 이용하여 한반도와의 각종 교류와 협력이 민족 문화 발전에 큰 도움이 되는 길을 모색하여야 한다.

넷째, 민족 문화 보존, 계승의 토대는 민족 교육이다. 따라서 우리는 우리 민족 사회에서 민족 성원들 모두 민족 교육에 힘을 기울여야 한다는 여론을 조성하고 널리 알려야 한다. 그리고 민족 성원들의 의무감과 책임감을 강조하여야 한다. 민족 문화와 교육 발전에 당면한 문제에 관하여서는 누구나 할 것 없이 민족전체가 힘을 합쳐서 해결하여야 한다는 의무감과 책임감을 강조함으로 민족 성원들이 자각적으로 민족 문화 보존과 민족 교육 발전을 위하여 할 수 있는 일을 하도록 하여야 한다.

다섯째, 민족 사회 네트워크 형성이 시급하다. 현재 우리 조선족은 우리가 지닌 문화적 우세 그리고 기타 여러 우세로 중국의 개혁개방과 도시화 과정에서 앞장 선 양상을 보이고 있다. 이러한 변화는 인구 이동에서 비롯된 것이다. 조선족의 인구 이동은 국내 어느 민족도 비교가 되지 않을 정도로 활약적이다. 도시화 과정에서 소수민족 인구가 자기 집거지를 떠나 도시 진출하는 것은 민족 인구의 분산화와 희석화를 말하며 이것이 민족  경제 발전과 민족 교육 실행 및 민족 문화 보존, 계승에 제한을 주고 있는 것도 사실이다. 때문에 민족 사회가 무너지지 않으려면 민족 사회 네트워크형성에 더욱 힘을 기울여야 한다. 더욱이 글로벌 시대에 있어서 민족 사회 네트워크 형성은 민족 문화를 보존하고 민족 교육 발전에 크게 기여할 수 있으며 격렬한 경쟁 속에서 민족이 살아남는 중요한 요인의 하나라고도 볼 수 있다.

『흑룡강신문』, 2007.5.22.

# 조선족 사회 어디로 가야 하나?

필자가 처음 조선족 사회 문제에 대한 관심을 가지기 시작한 시기는 1990년대 중반 이후였다. 그때는 조선족 사회에서 개혁개방 이후 나타난 문제의 심각성 때문에 "위기설", "해체설"이 돌기 시작한 이후였고 필자 또한 이에 대응하여 당시 조선족 사회에 노출된 문제를 중국의 개방과 도시화 과정에서 불가피면적인 "진통"이라고 역설하였다. 하지만 그때로부터 이미 10년 좌우의 시간이 지난 현재 조선족 사회는 더욱 어려운 사정에 부딪치고 있지 않는가? 그러면 이것을 아직도 "진통" 속의 과정이라고 할 수 있는지? 다른 한면 "진통"이 아니면 또 무엇인지? 조선족 사회는 정말로 "위기" 상태에 처하였는지? 이러한 문제들이 우리에게 조선족 사회 발전 문제를 다시 한번 정리할 필요가 있지 않느냐고 물음을 던지고 있다.

주지하다시피 개혁개방 이후 중국 조선족 사회는 엄청난 변화를 경험하였다. 조선족 사회는 인구의 대량적인 이동, 민족집거지의 인구감소, 농촌실체의 약화, 민족 교육의 축소 등 어려움 속에서 허덕이고 있다. 하지만 이것 뿐만은 아니다. 조선족 사회는 개방과 도시화 과정 및 국외 진출에서 경제적 실력을 키워왔고 새로운 관념과 시대의 흐름을 터득하였으며 중국 사회 및 지역발전에 대한 공헌도 이전 못지않게 하였다.

조선족 사회는 중국 개혁개방의 앞장에 섰기 때문에 개방과 도시화 과정에서 새로운 문제, 새로운 곤란이 기기타 민족에 앞서 우리 민족 사회에 대두하였다. 현재 우리는 이러한 어려움에 당황하지 말고 문제에 대한 참다운 해결방안을 강구하여 민족 발전 과정에 나타난 문제들을 원활히 풀어 나가야 할 시점에 도달하였다고 필자는 말하고 싶다.

여기서 몇 가지 꼭 짚고 넘어가야 할 문제들이 있다. 그 하나는 현재 조선족 사회의 어려움을 어떻게 이해하는가에 대하여 "진통" 시간이 다소 길다는 감이 없지 않으나 필자 역시 "진통" 속에 있다고 주장하고 싶다. 그것은 지금에 와서 중국 기타 민족 사회에서도 우리가 이미 체험한 문제점들이 서서히 나타나기 시작한 조짐을 보면 현재 우리가 당면한 문제들이 우리 민족 특유의 문제가 아니다. 따라서 이러한 문제들은 발전 과정에서 겪어야 할 문제이기 때문에 "진통"으로 볼 수 있다.

둘째, 중국에서 조선족의 위치를 어떻게 확정할 것이며 집거지 농촌의 토지를 어떻게 보존하는가 하는 문제이다. 한반도에서 이주 온 우리 조선족은 중국에서의 역사는 불과 백여 년 밖에 되지 않지만 이미 중국에 뿌리를 튼튼히 박았고 혼신의 정열을 기울여 중국의 신민주주의 혁명, 사회주의혁명 및 사회주의 건설에 참여하는 과정에서 민족의 피와 땀을 수많이 흘렸으며 중국에서 공인하는 우수한 민족으로 발돋움하였다. 현재 우리 민족이 잠시 어려움 처지에 있을지라도 중국에서의 이러한 기반은 민족 자신이 먼저 흔들리지 않으면 절대로 흔들리지 않는다. 때문에 우리 자신이 당황하지 말고 여유 있게 나타난 문제들을 윤활히 해결하는 지혜를 발휘하여야 한다.

중국에서 조선족의 확고한 위치는 집거지 농촌의 토지 보존과도 관련된다. 집거지 농촌은 우리 선조들이 당시의 사회체제, 열악한 자연, 마적들의 약탈 등 어려움을 이겨가면서 성스럽게 개척한 땅이고 생활의 터전이었다. 우리는 이 터전 때문에 민족 고유의 특징을 살리며 지금까지 올 수가 있었다. 사실 민족집거지 농촌은 중국에서 조선족의 위치를 확고히 하는데 큰 기반으로 되어 주었다. 가령 과거 민족집거지 농촌이 없었다고 한다면 현재 조선족은 운운할 수도 없었을 것이다. 우리는 민족집거지 땅의 소중함을 인식하고 튼튼히 지켜야 할 것이다. 그렇지 않으면 우리 민족 성원 가운데서 과거 자본주의 원시축적시기 파산된 농민들이 도시 무산자로 윤락하는 운명을 면치 못하는 사람들이 나타날 수도 있다.

셋째, 한국과의 관계를 어떻게 정립할 것인가? 한국은 중국 조선족에게 있어서 혈연의 발상지로 갈라놓을 수 없는 연대감을 갖고 있다. 한중수교와 경제문화교류의 물꼬가 확 트인 현시점에서 조선족은 한국, 한국인과의 교류연대 및 한국 진출로 민족의 정을 돈독히 하는 동시에 경제적으로 많은 혜택을 받았다. 이러한 와중에 일련의 불협화음도 없지 않았는바 예컨대 일방적인 기대감과 무작정의 "코리안 드림", 국민성의 약화, 투기와 사기행위 급증 등 많은 현안들이 있었다. 우리는 한국에 대한 인식을 명확히 하여야 한다. 즉 한국은 중국 조선족에게 있어서 둘도 없는 우월한 외부조건이다. 이것은 중국 기타 민족이 부러워하는 단서이기도 하다. 그렇다고 중심이 중국에 있는 조선족이 모든 것을 한국에 의거할 수는 없다. 때문에 한국과의 관계정립에서 조선족은 응당 자주성을 수립하고 자체 중심을 강조하는 동시에 한국이란 우월한 외부조건을 민족 발전에 활용하여 조선족이 중국 사회에서 더 빨리, 더 크게 발전하는 계기로 되게 하는 것이 더욱 정확한 처사라고 할 수 있다.

넷째, 민족의 분산화 와중에서 어떻게 민족적 특징을 보존, 전승할 수 있는지? 현재 조선족 사회는 다그치고 있는 중국의 도시화 과정에 합류하여 도시 진출에서 앞장서고 있으며 조선족 사회의 도시화 정도는 중국에서 제일 높다고 할 수 있을 것이다. 과거 농경민족인 조선족은 농촌에서 집단적으로 생활을 영위하여 왔기 때문에 민족적 특징을 상대적으로 유지할 수 있었다. 하지만 도시화 과정에서 과거 농촌의 집단적 생활방식은 점점 해체되고 도시 진출의 농민들은 점점 분산 거주하게 되었다.

중국 특정의 환경에서 도시화는 소수민족의 분산화 정도를 재촉함으로 민족적 특징의 보존전승 문제가 민족 발전에서 새롭게 대두하게 되었다. 조선족 사회도 인구 이동과 도시 진출 등 과정에서 민족거주 상태가 날로 분산되면서 민족적 특징의 유지, 전승이 날로 어렵게 되어가고 있는 것이 지금의 상황이다. 반면에 민족 특징은 한 개 민족이 타민족과 구별하는 주요한 요소로 민족 특징의 약화는 민족 동화를 재촉하는 것과 같은 것이다. 때문에 민족이 존재하려면 민족 특징을 보존, 전승하여야 한다. 민족 특징 보존에는 민족의 상대적 집거지 조성, 민족적 활동의 광범위한 조직, 민족적 긍지감과 자신감 고양 등에 주목하면서 민족성을 강조하고 민족의식을 강화하는 것이 중요하다고 본다. 여기서 우리의 매체, 우리의 지성인들이 응당 큰 역할을 하여야 한다.

중국 조선족 사회는 현재 중요한 갈림길에 있다. 인구 이동과 도시화 등에 따라 나타난 어려움을 발전 과정의 "진통"이라고 할 수 있으나 이에 잘못 대응하면 위기를 초래할 위험도 존재한다. 때문에 우리는 우리의 위치, 현 상태 등을 잘 파악하고 우세와 약세를 명확히 나누고 이에 대한 정확한 대책을 탐구함으로 조선족이 중국 사회에서 더욱 튼튼한 입지를 조성하는데 우리 모두 힘써 노력하여야 할 것이다.

현재 중국 조선족 발전 가운데 어려움도 많지만 발전의 촉매제도 적지 않다. 우리는 이미 20여 년 간의 발전 축적이 있으며 발달 국가로 향한 고국-한국이 있다. 더욱이 중국공산당과 중국 정부의 정확한 민족정책, 최근에 와서 농업지원정책, 농촌교육지원정책 등이 새롭게 실시되면서 과거의 농촌발전 부진으로 인한 농토포기, 자녀 교육부담으로 인한 생육포기 등 현상이 많이 줄게 될 것이며 이는 조선족 농촌발전, 조선족 인구 감소 문제 해결 등에 큰 도움이 되리라고 예상된다. 따라서 우리는 상술의 각 항 정책과 우월한 외부환경을 활용하여 민족의 더 큰 발전에 뒷받침되도록 하는 것이 더욱 중요하다.

그리고 집거지 농촌토지 보존, 민족적 특징 유지 등에 있어서 기억해야 할 것은 이미 있는 것을 보존, 유지하기는 상대적으로 쉬우나 잃어버린 것을 다시 되찾는다는 것은 아주 어렵다는 점이다.

이상의 글은 문제제기에 불과한 것이다. 그것인즉 전체 민족의 지혜를 합치여 우리 민족 발전 과정에 현존하고 있는 문제점들을 윤활히 해결하고 민족의 더 빠르고, 더 큰 발전에 약간의 도움이나마 되었으면 하는 바람이었다고 할 수 있다.

『흑룡강신문』, 2007.8.28.

# 땅이 없을 때 우리는 어떻게?

현재 도시화와 국외 진출에 따른 인구 이동으로 조선족 농촌은 날로 축소되어가고 있다. 농민들의 대량적인 이농 현상은 사회 발전의 추세라고 하나 민족집거지 농촌 땅의 소실은 민족의 운명과도 밀접한 연관이 있다고 본다.

중국 조선족에게 있어서 민족집거지 농촌의 땅은 민족적 삶의 기반이며 민족적 특징을 지키면서 생활할 수 있는 터전이었다. 과거 우리의 선조들이 한반도를 떠나서 중국 동북땅에 발을 붙이기 시작할 때 빈주먹밖에 없는 가난한 농민들이었다. 당시 그들은 봉건세력의 압박과 착취, 동북지역의 열악한 자연환경, 마적들의 무자비한 약탈 등의 어려움을 견디면서 억척스럽게 황무지를 개간하고 집거촌락을 세우면서 타향에서 새로운 삶의 터전을 마련하였다. 이러한 시작이 100여 년의 세월이 지나가면서 현재는 중국 56개 민족 대가정의 일원으로 공인받는 우수 민족의 하나로 되었다.

조선족이 중국의 우수민족의 하나로 부상될 수 있었던 주요한 이유의 하나가 바로 조선족은 시종일관하게 민족 교육을 중요시함으로 교육 보급수준이든가 인구당 대학생 비례이든가 모두 중국에서 으뜸 되는 위치를 차지한 것이다. 민족 교육의 진행과 발전은 민족집거지 농촌과 갈라놓을 수 없다. 민족집거지 농촌은 민족 교육의 주요한 장소이었으며 민족의 언어, 문자보급과 민족성 보존에 중대한 역할을 하였다. 다시 말하면 민족집거지 향촌은 민족 교육의 근거지로 자기 사명을 착실히 이행하여 왔다. 때문에 민족 교육에 있어서 민족집거지 향촌의 중대한 기여를 어떻게 평가하여도 과분하지 않다.

그럼 이러한 민족집거지 농촌의 현 상황은 어떠한가? 개혁개방의 흐름 속에 조선족 농촌도 몰라보게 변화되었고 도시 진출, 국외 진출 등 인구 이동원인으로 농촌 인구감소와 토지양도 문제가 아주 돌출하게 대두되었다. 인구 이동으로 민족촌 책임자 선출마저 힘들어졌고 타촌, 타지역 한족들이 조선족촌 토지를 임대한 경우가 부지기수라고 한다. 이 가운데 토지양도는 응당 신중하게 처리하여야 할 문제가 아닌가? 민족집거지 농촌의 토지는 우리 선조들이 피땀으로 개척한 것으로 민족의 기반이라고 할 수 있다. 이러한 땅을 무분별하게 타민족에 양도할 경우 시간이 흘러가면서 소실될 가능성이 많다. 때문에 토지양도에서 본 마을, 본 민족에게 우선적으로 양도하고 될수록 타민족에게는 양도하지 말아야 후환이 없을 것이다.

그리고 중국의 농촌 토지 정책을 보면 농민 매 개인에게 토지사용에 대한 권리를 더 부여하는 추세이다. 따라서 토지를 점유하고 있는 자의 권리는 더욱 확대되고 토지를 잃은 사람은 "지주"에서 "소작농"으로 윤락되는 것과 마찬가지이다. 현재 많은 조선족 농민들이 토지를 한족에게 양도하고 도시로, 국외로 나가고 있다. 이러한 현상을 볼 때 당사자들은 눈앞의 물질이익을 향유하고 상대적으로 윤활한 생활을 영위할 수 있을지 모른다. 하지만 그들 또한 토지상실로 도시빈민으로 추락될 가능성도 없지 않다. 마치도 자본주의 원시축적시기 "圈地運動"으로 인한 파산된 농민들이 도시무산자로 윤락하듯이 우리가 토지를 잃으면 역시 이러한 운명을 모면하기 어려울 것이다. 물론 도시 진출에 성공하면 다행이지만 그렇지 않을 때 정말 "소작농"이 아니면 도시빈민으로 되는 신세밖에 다른 출로는 없을 것이다. 그리고 우리 민족은 뿌리가 없는 부평초와 같이 떠돌다가 사라지고 말 것이다.

다시 말하면 만약 우리가 농촌의 땅을 상실한 경우 민족적으로는 설자리를 잃은 것과 같다. 그리고 개인적으로 볼 때는 지금의 당사자들은 아무리 하여도 문제가 될 수 없을지 모르지만 만약 그 후세들에게 아무 것도 남겨주지 않을 경우 성공한 자들은 다행이지만 출로가 없는 자들의 경지는 더욱 어렵게 될 것이다. 때문에 우리 현 시대 사람들의 잘못으로 그 후세들에게까지 영향을 끼칠 수 있다. 이렇게 되면 중국 조선족은 정말 순환의 원점으로 돌아가게 되는 것이다. 즉 우리 선조들이 중국 동북에 이주 와서 삶의 터전을 개척할 때 모두 빈곤한 농민이었다. 그들은 억척스럽게 싸워 삶의 기반을 마련하였다. 그런데 현재 도시화 과정에서 땅 잃은 자의 후세들이 도시무산자로 되었을 때 역시 빈곤의 처지 면하지 못할 것이다. 이것은 중국 조선족이 빈곤의 원점으로 돌아가는 것과 같아 결국은 우리 선조들이 피땀을 헛되이 흘렸다는 것과 마찬가지이다. 이 즈음에 와서 우리는 도시화 과정에서의 득과 실을 재삼 따질 때가 되었다고 말하고 싶다.

그럼 우리에게 민족집거지 농촌의 땅을 보존할 수 있는 길은 없는 것인가? 꼭 그렇지는 않다고 필자는 본다. 우리는 현재 아무리 도시화 과정은 필연적이라고 말하지만 농사지어야 할 사람은 역시 있어야 한다. 도시에 나갈 사람은 도시에 가고 남아 있는 사람은 역시 농사를 짓는다. 이 시점에서 우리가 해야 할 일은 도시 진출농민들은 자기 담당의 토지를 남아 있는 조선족에게 맡겨 두고 절대로 타민족에게 맡겨두지 말아야 한다. 남아 농사짓는 사람은 될수록 규모경영의 길을 모색하여 적은 사람이 많은 농사를 질수 있도록 강구하게 되면 수익도 더 많아 질 것이다.

우리는 농사를 짓는데 현존의 유익한 조건과 정책을 충분히 활용하여야 한다. 현재 중국 정부는 농업, 농촌, 농민문제에 관심을 돌리고 있으며 농업 발전과 농민들의 생활 수준 인상을 위하여 많은 우혜적인 정책제안들을 추진하고 있다. 예컨대 농업세 면제와 농업보조금 지불이든가 농촌의 의무교육을 지원하고 학잡비 등을 면제해 주는 정책이든가 새 농촌건설사업추진 등은 조선족 농촌에 현존하는 문제들을 해결하는데 아주 좋은 여건과 계기가 될 것이다.

우리는 이러한 정책과 기회를 활용하여 우리 농촌을 더욱 아름답게 건설하고 민족집거지 농촌의 땅을 지키는데 유력한 힘으로 되도록 노력하여야 한다. 그리고 우리 농민들이 이농하더라도 농촌집거지는 우리 민족의 삶의 터전이라는 "뿌리 의식", "근거지 의식"만은 잊지 말았으면 한다.

　가령 땅을 잃고 집거지가 없을 질 때 우리 민족은 어떤 운명에 처할 것인가? 이것은 우리 모두 심사숙고할 문제가 아닐 수 없다.

『문학과 예술』, 2007.5.
『요녕조선문보』, 2007.11.16.

# 민족 경제인재와 경영관리인재 양성이 급선무

　지금 보면 민족 성원들의 경제 경영의 길이 점점 넓어져가고 있는 추세이다. 따라서 조선족 사회 발전 과정에서 민족적 경제력 신장의 중요성을 강조하고 더욱 많은 경영인, 기업인이 주류 사회에 진출하도록 민족 사회 전체가 노력하지 않으면 안 된다.

　이러한 목표를 실현하기 위하여서는 여러 도경을 통하여 민족의 경제인재와 경영관리인재를 많이 양성하여야 한다.

　첫째, 민족 성원들의 경제의식을 강화하여야 한다. 경제는 일체 사회 생활의 토대로 경제력의 강약은 민족의 강약과 연관된다. 현 여건 하에서 민족을 단합하고 민족의 힘을 강화하며 민족성을 유지하는 데는 무엇보다 경제력이 제일 중요하다고 본다. 때문에 민족 성원들에게 사람마다 경제인이 되자는 관념을 주입시켜 전 민족의 경제의식 제고에 힘을 기울여야 한다.

　둘째, 경제인재와 경영관리인재 양성에는 전체 민족 성원들의 노력이 필요하다. 우리에게는 아직 시장경제 의식이 박약하고 과소비 경향이 심하다는 단점들이 있기는 하나 개혁개방 이후 특히 중국이 사회주의 시장경제체제를 도입한 후 민족 성원들의 경제의식이 많이 강화되었고 여러 경제 분야의 종사자들이 더 많이 나타나고 있다. 이 가운데 일정한 실력을 갖춘 기업인, 경영인들이 점차 두각을 내기 시작하였다. 하지만 우리의 경제인들이 지금의 실력으로는 중국의 주류경제사회에 진출하기에는 아직 너무 미흡하다. 때문에 어떻게 하면 민족전체의 힘을 합쳐 우리의 경제인, 경영관리인재를 더 많이 키울 수 있는가 하는 것은 우리 모두가 고민하여 좋은 방도를 찾아야 한다.

셋째, 우리의 우세를 활용하여 민족적 네트워크를 형성시켜 민족의 경제인재와 경영관리인재양성에 힘을 기울여야 한다. 우리에게는 선진국 문턱에 닿은 한국이 있고 일본, 미국 등 나라에 진출한 수많은 동포들이 있다. 한국은 우리와 직접 교류하는 이외에 경제인재 양성에 많은 도움을 줄 수 있는 여건이 있다. 세계로 진출한 조선족들은 자신의 여러 가지 기능을 연마하는 동시에 국내의 조선족 경제인과 제휴하여 같이 민족의 경제 발전에 기여할 수 있다. 우리는 이러한 모국적 인적자원과 우세를 활용하여 민족의 경제인재, 경영관리인재를 양성하여 민족적 경제력 제고에 적극적으로 참여하여야 할 것이다. 다른 한면 한국도 정말 중국 조선족을 해외 동포라 생각하면 국가차원에서 조선족 경제인재 양성을 착실히 지원할 수 있는 어떤 시스템을 마련해야 한다. 이것이 모국인 한국 정부의 적극적인 자세이다.

현재의 세계는 경쟁 속에서 휩싸여있다. 어느 국가나 민족이든 치열한 경쟁 속에서 살아남으려면 반드시 자신의 경제력 기반을 튼튼히 가꾸어야 하는 바 여기서 중대한 역할을 할 수 있는 힘이 바로 경제인재, 경영관리인재 등에 있다. 우리는 여러 가지 도경을 통하여 될수록 빨리 민족 경제의식을 높이고 민족적 경영인을 많이 양성해야 한다. 그리고 민족의 경제인, 기업인 그룹을 형성시켜 그들 간의 연대감을 강화하는 것도 우리 앞에 놓인 중대한 과업의 하나이다.

『요녕조선문보』, 2008.2.15.

# 소중한 우리 땅 방치하면 안 된다

중국 조선족 지역의 옥토는 선조들이 힘겹게 개척한 우리의 생활터전이었다. 여기서 우리는 한 민족이 고스란히 모여서 생활할 수 있었고 민족 문화를 전승하면서 다른 민족보다 풍요로운 삶을 영위할 수 있었다. 하지만 현재 우리 농촌의 땅은 버림받은 '서자'의 신세로 변하였다.

1990년대 이후 수많은 조선족들이 도시로, 해외로 떠나면서 조상들이 개척한 땅, 자신의 심혈이 깃든 땅을 지나치게 방치한 것이다. 많은 농민들이 토지 경작권을 한족에게 양도하였다. 어떤 이는 양도계약서에 소위 "영원이 양도한다"는 표현도 서슴지 않고 집어넣었다. 그 결과 수많은 조선족 마을의 토지가 한족에 의해 경작되었다. 마을도 점차 한족 마을로 변모돼 가는 것이 우리 농촌의 현실이었다.

조선족 농촌이 날로 축소되는 것과 대조적으로 중국의 농촌 정책은 더욱 좋아지고 있다. 과거에 있던 농업세, 특산세 등은 모두 취소되었고 곡물생산, 농기구 구입, 우량품종 보급 등에는 직접 보조금이 지불되고 있다. 특히 지난 10월 중국공산당 제17차 3기전체회의에서 체결된 '농

촌개혁발전을 추진하는 약간의 중대한 문제에 관한 중공중앙의 결정'
에서는 농민들에게 더욱 많은 혜택을 주는 토지 경영권을 부여하였고
현재의 토지 경작권이 '장구 불변'한다고 강조했다. 토지에 대한 점유,
사용, 수익 등의 농민들의 권리를 법적으로 보장한 것이다.

새로운 농촌 정책이 반포된 현 시점에 우리는 토지 문제를 신중하게
생각하지 않으면 안 된다. 선조들의 피와 땀이 어려 있는 우리의 토지가
현재와 같이 방치될 경우 영원히 우리의 손을 떠날 가능성이 있기 때문
이다. 그러면 어떻게 해야 할 것인가?

먼저 기존의 토지 경작권을 재확정 할 필요가 있다. 과거 가정토지
경영정책을 실시하면서 일정한 기한을 규정하였지만 이번 중공중앙의
결정에서는 '장구 불변'이라고 규정했다. 이것은 농민들이 보유하고 있
는 땅을 대를 이어 경영할 수 있다는 의미이다. 이 기회에 우리는 과거
자기 나름대로 양도한 토지에 대해 새로운 정책에 근거하여 양도 또는
임대계약 등을 규범화하여 자신의 토지 경작권을 확실하게 해 둘 필요
가 있다. 만일 현재 명확히 해 놓지 않을 경우 일정한 시간이 지나면 경
작권 소유가 모호해 질 가능성이 있다.

다음에는 과거의 잘못된 계약 등을 고쳐야 한다. 우리 농민들이 토
지를 소홀히 양도한 경우가 많다. 때문에 우리는 먼저 새로운 농촌 정책
을 참답게 이해하고 "농촌토지에 대한 권리확정, 등록, 증서발급제도를
참답게 해야 한다"는 정책에 근거하여 현지정부에 의탁하고 법적 제도
를 활용하여, 과거 잘못된 계약 등을 고쳐나가야 할 것이다.

세 번째는 토지 경영권 활성화에 힘을 기울여야 한다. 이번 농촌 정

책의 중요한 내용의 하나가 토지 경영권의 활성화인바 농민들이 토지 경영권을 양도할 수 있고 전문적인 농업합작사 등을 꾸려 규모경영을 할 수 있으며 토지를 주식화하여 수익분배에 참여할 수도 있다. 이것은 토지 경작권에서 더 큰 수익을 기대할 수 있다는 것이다. 따라서 외국 동포들과 연대와 협력으로 공동개발 할 수 있는 가능성도 없지 않다.

네 번째는 토지 경영권 확대에 신경을 써야 한다. 앞으로 농민들의 토지 경작권은 더욱 확대되리라고 믿는다. 그리고 토지사유화의 가능성도 없지 않다. 때문에 우리는 기존의 토지 경작권을 소중히 여길 뿐만 아니라 미래를 대비하여 토지 경영권 확대에 힘을 기울여야 한다. 우리는 자신이 농장주가 되고 목장주가 되는 꿈도 가져야 할 것이다. 조선족 농촌의 토지는 우리와 우리 자손의 미래가 걸려 있는 우리의 중요한 자산이다. 땅을 잃을 경우 우리가 설자리는 그만큼 좁아진다. 우리의 땅을 우리 자신이 아니면 누가 대신 지켜 주겠는가?

[한국] 『재외동포신문』, 2009.1.9.-1.22.

# 조선족 도시공동체 구축에 관한 구상(제강)

현재 산해관 이남 도시에 조선족 인구가 널리 분포되면서 도시 민족 교육 실행 문제와 민족 정체성 유지 문제가 날로 심각해지고 있다. 중국 조선족이 "농경"민족으로부터 "도시"민족으로 탈바꿈하는 것은 필연적인 추세이다. 하지만 우리 민족이 도시에서 어떻게 민족 정체성을 지키면서 발전할 수 있을 것인가에 대하여서는 아직 많은 사람들의 관심과 주목을 받지 못하고 있는 것 같다. 이 기회를 빌어 중국 조선족 사회의 미래발전에 있어서 꼭 필요한 민족의 도시공동체 구축에 대한 화제를 제출하여 민족 성원들의 관심과 반응을 기대해 본다.


## 1. 문제제기와 목적

200만 내외의 중국 조선족 가운데 인구 이동으로 3분의 1 이상의 인구가 이미 산해관 이남 지역에 분포되어 있는 것이 지금의 현실이다. 그들이 동북지역의 민족 전통 집거지역을 떠나 한족인구가 절대다수인 산해관 이남도시에 진출하고 그 지역에 정착하면서 당면한 제일 큰 고민이 아마 자녀들의 민족 교육 문제와 민족 정체성 유지문제일 것이다.

민족 교육은 학부모들의 민족성과 민족 인구의 일정한 집중거주가 필요한 전제일 것이고 민족 정체성 유지에는 민족 성원 사이의 연대가 중요하다. 그리고 민족 성원들의 연대는 크고 작은 집거지가 형성되고 민족 문화바탕으로 공동체 생활을 하는데서 더욱 강화될 수 있다. 따라서 조선족 사회의 도시화 과정과 더불어 산해관 이남 지역에 조선족 인구가 많이 분포되면서 조선족 도시공동체 구축이 솔선의 문제로 제기되고 있다.

본 연구는 산해관 이남 여러 도시 지역의 조선족 사회에 대한 현지조사를 통하여 조선족 도시공동체 구축에 필요한 조건, 당면한 문제 등을 파악하고 도시공동체 구축 방안을 탐구하는데 목적을 두고 있다.

우리의 바람은 조선족 사회에 도시공동체 구축의 필요성과 방안을 제시하고 여론을 조성하여 산해관 이남 지역에서 상대적인 집거지 형성에 동조하며 민족 교육을 진행하고 민족 문화를 유지하면서 생활할 수 있는 여건을 마련하는데 모두 힘을 합쳐 노력하였으면 한다.

## 2. 연구주제

동북지역 조선족들의 산해관 이남지역 도시 진출에 따른 도시공동체구축문제

## 3. 연구제강

### 1) 민족공동체의 형성과 발전

- 민족은 여러 가지 공동 특징을 소유한 비교적 안정된 하나의 인간 집단이다.
- 민족의 형성에 여러 가지 요소가 작용하였지만 이 가운데 공동한 생활지역이 제일 기본적인 조건일 것이다.
- 민족 문화와 민족 교육은 민족 발전의 기초와 핵심이고 민족 교육 진행과 민족 문화의 보존, 발전에는 민족집거지가 절실히 소요된다.

### 2) 중국 조선족의 공동체 생활

- 조선족은 이민민족이다
- 조선족은 이민, 정착하면서 촌락중심으로 집거지를 형성하였다.
- 조선족은 집거지가 있음으로 민족 교육을 진행하고 민족 문화를 유지하면서 민족공동체 생활을 할 수 있었다.

### 3) 도시화 과정에 따른 조선족 인구의 분산화

- 과거 조선족은 이동성이 적은 민족 집거생활을 하였다.
- 개혁개방 이후 조선족 사회의 제일 돌출한 현상이 인구 이동이었다.
- 인구 이동은 조선족 사회의 과거 공동체 생활전통을 파괴하고 인구를 널리 분산시켰다.
- 조선족 인구의 분산화는 전통집거지의 축소를 초래할뿐만 아니라

민족 특징의 약화 지어는 상실을 초래하고 있다.

### 4) 조선족 도시공동체 구축의 필요성

- 현재 조선족은 농촌에서 도시로, 집거에서 분산으로 향한 과정을 겪고 있다.
- 조선족의 산해관 이남 도시 지역으로의 진출은 인구분산화를 초래 할뿐만 아니라 민족 교육과 민족 정체성유지에도 많은 애로점을 낳고 있다.
- 한족이 대다수인 도시에서 민족 교육을 진행하고 민족 정체성을 유지하는 데는 조선족 도시공동체 구축이 아주 필요하다.
- 도시공동체구축의 기본 조건은 도시에서 새로운 민족집거지의 형성이다.

### 5) 도시공동체 구축의 여러 요소 분석

- 조선족 도시공동체 구축의 유리한 조건: 개혁개방과 인구 이동의 자율화, 점차 강화되고 있는 민족 성원들의 민족의식, 한국 및 한국 인과의 밀접한 관계, 새로운 도시집거지형성을 위한 노력 등.
- 도시공동체구축의 불리한 요소: 한족인구가 절대다수인 환경, 신속한 도시화 과정에 뒤진 사회제도개선, 도시 민족정책과 일부제도의 경직성, 민족적 경제력의 결핍 등.

## 6) 도시공동체 구축 방안과 대책

- 조선족 인구의 일정한 집거, 도시 민족 교육진행, 민족 문화중심설립

- 민족 사회단체구성 등으로 도시공동체구축

- 도시 조선족사이의 연대감 강화

- 민족 경제력 강화

- 새로운 도시집거지 형성에 관한 여론 조성에 관한 여론조성

- 해당 민족정책을 활용하여 도시 민족 교육, 민족 문화조성에 주력

- 한국 및 한국인과의 화합과 유대감 강화


## 4. 연구실행계획:

- 산해관 이남지역 도시의 조선족 사회현황에 관한 조사

- 해당도시 조선족들의 민족 정체성유지에 관한 설문조사

- 도시 민족문제현황과 도시 민족정책연구

- 한국 및 재중한국인과의 상호이해와 협력에 관한 연구

- 도시공동체구축방안 제시와 홍보


## 5. 민족 사회의 동참을 요청

우리 사회는 현재 갈림길에 헤메이고 있다. 민족의 인구 이동과 인구 증장율 저하는 전통집거지 지역 축소를 초래하였고 도시 진출과 인

구분산화는 민족 정체성 약화를 재촉하고 있다. 이러한 상황에서 민족 정체성을 유지하려면 반드시 산해관 이남지역에 민족 교육장소를 마련하고 민족의 도시집거지역을 구축하여야 한다.

이에 앞서 도시공동체 구축에 관한 조사연구를 진행하여 이론적 근거와 실천적 가능성을 제시할 필요가 있다. 이러한 연구공정은 우리 힘으로 할 수밖에 없다. 우리 자체로 연구경비를 마련하고 우리 자체로 연구하여야 한다. 요컨대 민족에 대한 관심과 애착심을 가진 모든 민족 성원들이 물심양면으로 이에 동참하였으면 한다. 그리고 여러분들의 견해와 조언을 바라는 바이다.

2010년 초.

# 기업인과 사회 기부

인간 사회의 지속적인 발전은 경제 발전을 토대로 하고 경제 발전에 있어서는 기업인들의 역할을 무시할 수 없다. 인간의 의식주 생활에서 없어서 안 되는 것이 각종 물품의 생산이고 물품 생산의 주체는 기업이다. 기업이 생산한 각종 물품들은 인간 사회의 생활을 통하여 소비하게 된다. 따라서 생산이 없으면 소비가 없고 소비가 없으면 생산도 없게 마련이다. 사회경제 발전은 이러한 생산과 소비의 순환적인 과정을 통하여 추진한다.

생산과 소비의 이러한 관계는 기업과 사회의 관계에서도 반영된다. 기업은 각종 물품을 생산하여 사회에 기여하고 사회는 기업이 생산하는 물품을 소비함으로 기업의 생존과 성장을 뒷받침한다. 그리고 기업들이 성장하면 사회에 더 풍부한 물품을 제공할 수 있고 사회의 각종 소비와 인간의 끝없는 욕망은 기업의 더 큰 발전을 추진한다.

기업과 사회의 상생관계에서 기업 운영의 주체인 기업인들의 사회 기여 또한 중요한 것이다. 기업인들의 기업 경영은 이익 창출이 주된 목적이다. 하지만 참된 기업인들은 각종 물품 생산으로 사회에 기여하는 동시에 재산의 사회 기부를 통하여 사회 발전에 기여한다. 기업인들의 물품 생산은 사회와의 상생관계에서 필연적인 행위이지만 사회 기부는 각 기업인들의 자기 나름의 행위이다.

사회는 인간 생활의 각종 평등을 추구하지만 현실은 그렇지 못하다. 현재 국내외를 막론하고 인간 생활에서의 빈곤격차, 도농격차, 지역발전격차, 사회복지격차 등 현상은 어디나 존재하고 있다. 이러한 어려움을 해결하는 데는 국가의 총체적 발전계획과 재정적 지원이 주된 힘이 될 수 있겠지만 기업인들의 사회 기부도 한 몫 담당하고 있다.

사회 현실은 기업인들의 사회 기부를 소요한다. 얼핏 보기에는 기업인들의 사회 기부는 자기 재산을 사회에 내놓은 것 같지만 사실은 이러한 사회 기부를 통하여 기업이미지와 기업가의 양심을 사회에 널리 홍보하고 사회의 신뢰와 인정을 받음으로 기업의 더 큰 발전을 기대할 수 있다. 만약 일정한 규모에 도달한 기업인들이 자기 타산만 하고 사회 기부에 전전긍긍하면 눈앞의 이익손해는 없겠지만 결국에는 사회여론의 비난 또는 양심적 가책을 받을 수 있다. 물론 기업인들의 재산축적은 사회소비를 통하여 달성한 것으로 그들의 사회 기부는 무조건적인 사회반환이 그 출발점이어야 한다.

현재 우리 사회에서도 기부 문화가 점차 형성해가는 추세를 보이고 있다. 개혁개방 이후 조선족 기업인 계층은 없는 데로부터 있기 시작하였고 작은 데로부터 점차 커갔으며 현재는 일정한 규모에 도달한 기업인들이 많이 나타나고 있다. 그리고 조선족기업인들은 민족적 사명감을 지니고 민족 사회에 대한 기부, 더욱이 민족 사회 발전에 대한 기여도 점점 커가고 있다. 민족 기업인들의 성장과 민족 사회에 대한 기여는 민족 집거지가 축소되고 민족 교육이 하락되며 민족 문화가 소실되고 있는 조선족 사회에 있어서 하나의 큰 힘으로 되고 있다.

조선족 기업인들이 빨리 성장하기를 기원하고 그들의 민족적 관심이 더욱 깊어가며 민족 사회명맥을 이어가는 사업에 더욱 적극적인 동참과 기여를 기대해 본다.

『요녕조선문보』, 2010.11.26.

# 도시 민족공동체 구성과 네트워크의 역할

현재 조선족 사회는 급속한 인구 이동으로 많은 문제점을 노출하고 있다. 어떻게 보면 이러한 문제들은 민족의 생존과도 깊은 연관을 갖고 있다. 이에 우리는 깊은 성찰을 하고 해결 대책 마련에 힘을 기울여야 한다.

## 1. 인구 이동조류에 앞장 선 조선족

중국의 개혁개방과 도시화 과정은 인구 이동을 추진하였으며 이 가운데 조선족 인구 이동은 중국 각 민족가운데 앞장에 섰다.

조선족 인구 이동의 급속화는 동북지역의 민족집거지의 약화를 초래하였으며 그 결과는 조선족 농촌 마을의 황폐화이었고 동북지역 집거지 조선족 인구의 대량감소였다.

특히 중국 소수민족의 하나인 조선족으로 민족집거 지역을 떠나 원래 조선족이 없거나 드문 산해관 이남도시 지역에 진출하는 것은 민족인구의 초분산화를 의미한다.

현재 도시 진출한 조선족 사회의 양상을 보면 개인적으로는 어느 정도 안착되었지만 민족적으로 보면 많은 문제점을 안고 있다. 작게는 민족 성원들의 활동 장소로부터 크게는 민족 문화 전승, 민족 교육 전개 등에까지 이어지는 문제들로 아주 어려운 상황에 처해있다.

지금의 경향을 볼 때 중앙과 현지도시정부에서 새로운 정책과 조치를 내놓지 않는 한 상기의 문제들을 해결하기가 쉽지 않다. 그렇다고 우리 민족 사회에서 가만있어서도 안 된다.


## 2. 화제로 되고 있는 도시공동체 구성 문제

여기서 대두되는 것이 바로 민족의 도시공동체 구성이다. 민족은 일정한 공동 특징을 소유한 인간 집단으로 민족의 공동 특징은 기타 민족과 구별하는 계선이고 민족 내부 응집력을 강화하는 중요한 요소이다. 민족의 공동 특징을 유지하는 데는 집단적인 공동체 생활이 필요하다.

과거 대부분 조선족은 향촌단위로 상대적인 공동체 생활을 하였기 때문에 민족 교육장소를 마련할 수 있었고 민족 문화 전승에도 큰 어려움이 없었다. 하지만 지금은 예전 상황과 완전히 다른 추세를 보이고 있다. 그것인 즉 조선족 인구의 대량적인 도시 진출에 따른 일련의 문제 노출이다. 민족 인구가 분산 거주하고 민족 학교가 없으며 민족 문화 시설이 없는 산해관 이남지역 도시의 실정은 민족공동체 생활과 민족 정체성 유지에 있어서 큰 도전이 아닐 수 없다.

도시 진출은 매 개인의 경제 생활에 있어서 상대적 기회를 마련하기도 했지만 동시에 민족 인구의 분산을 재촉하였다. 원래 인구수가 많지 않는 소수 민족 성원으로 집거지역을 떠나 도시에 진출한다는 것은 민족 인구의 거주 분산을 의미하고 민족 동화를 가속화시키는 것을 의미한다. 때문에 민족 성원으로 그 민족 정체성을 유지하려면 도시에서도 반드시 민족공동체 생활을 할 수 있는 여건을 마련하여야 한다.

도시에서 민족공동체를 구성하려면 역시 민족 인구의 상대적인 집거지역이 있어야 하고 민족 교육 장소가 있어야 하며 민족 문화시설 등이 있어야 한다. 하지만 현재 이러한 현안들을 해결하는 데는 내적, 외적환경의 많은 제한을 받고 있다.

사회적, 정책적 외적환경을 제쳐놓고 민족 자신의 내적 환경을 보더라도 민족 성원들의 도시공동체 구성에 대한 절박성과 정체성 유지에 대한 관심 및 노력 등이 비교적 결핍한 상황이다.

조선족은 도시화 과정에 앞장서고 있다. 어떻게 보면 "농업민족"에서 "도시 민족"으로 탈바꿈하고 있는 조선족에게 있어서 도시가 귀속일지도 모른다. 따라서 우리에게 날로 절박한 문제로 다가오고 있는 것이 바로 도시공동체 구성문제이다.


## 3. 민족의 문화적 네트워크의 중요성

도시에서 민족공동체 생활을 유지하려면 민족의 상대적 집거지도 필요하겠지만 더욱 중요한 것은 민족적 연대감을 강화할 수 있는 민족적 네트워크의 역할이 아니겠는가?

과학기술과 교통의 신속한 발달로 세계는 날로 작아지고 있지만 인구 이동은 더욱 활발한 양상을 보이고 있다. 조선족 인구 이동이 이를 잘 말해주고 있다.

인구 이동에 의한 민족 인구의 분산거주 추세는 민족 내부의 교류와 연대의 필요성을 확대시켰다. 그리고 교류와 연대에는 네트워크의 역할이 날로 뚜렷해지고 있다. 따라서 네트워크는 현재 우리에게 아주 필요한 플랫폼이고 특히 민족의 문화적 네트워크는 더욱 중요하다.

민족의 문화적 네트워크는 민족 문화를 바탕으로 민족 성원들을 연결하는 중요한 매체이다. 민족의 문화적 네트워크의 기초는 민족 교육을 통한 민족 역사 전수, 민족 언어 문자 유지 발전, 민족 전통 문화 전승 등이다.

민족의 문화적 네트워크를 통하여 민족 성원들이 자신이 누구인가를 명확히 의식하고 민족자호감과 자신심을 느끼게 하며 민족일체성과 민족 정체성을 강화한다.

때문에 민족의 문화적 네트워크는 민족 성원들의 교류와 연대를 더욱 추진하고 어디에서도 자아민족을 감각케 하고 민족성 유지에 힘을 기울이게 한다. 이것은 민족의 생존과 발전과도 연관된다. 물론 도시의 민족공동체 구성에도 큰 힘이 될 것이다.

＊　　　＊　　　＊

현재 우리 민족은 준엄한 도전을 맞고 있다. 이러한 도전을 윤활히 해결하기 위해서는 전체 민족 성원들의 노력이 필요하다. 우리는 발전 앞에 놓인 문제들을 회피하지 말고 민족에 대한 애착과 신심을 갖고 모두 힘을 합쳐 앞에 놓인 도시 민족 교육, 민족 문화 전승, 도시공동체 구성 등 어려움들을 착실히 해결해 가야 한다. 그렇지 않으면 우리에게는 희망이 없다.

『요녕조선문보』, 2010.12.10.

# 오직 선진민족으로 탈바꿈하여야

조선족은 두만강, 압록강 너머에서 이민 온 중국 "과계민족"(跨界民族)의 하나이다. 과거 100여 년 간 조선족은 강한 생명력과 꾸준한 노력으로 중국 사회에서 공인하는 우수 민족의 하나로 성장하였다. 그리고 조선족은 한족이 국가 절대다수를 차지하고 한문화가 주체를 이룬 중국에서 민족 전통을 보존발전하면서 또 한문화에 적응해야 하였다. 이 가운데 많은 모순과 갈등이 있었지만 우리는 계속 민족의 전통을 완전하게 지켜왔다.

하지만 중국의 개혁개방은 조선족의 전통거주 구조와 생활 양식을 다각도로 개변시켰다. 과거 조선족은 정치 생활에서는 완전한 중국식을 면치 못하였지만 사회 생활은 상대적으로 집결된 지역에서 민족 내부의 교류를 위주로 하여 왔다. 하지만 개혁개방은 조선족의 민족적 울타리에 커다란 구멍을 뚫어놓았다. 시장 의식이 싹트고 경제 이익 추구에 발동을 건 수많은 조선족 인구의 이동은 민족적 범위를 벗어나 활동 영역을 더욱 넓히였다. 이것이 바로 우리 농민들과 동북집거지역의 조선족들의 도시 진출이었고 산해관 이남지역 진출이었으며 한국을 비롯한 해외 진출이었다.

조선족의 동북 지역과 농촌 탈출은 현재 심각한 문제들을 초래하였다. 민족 교육의 기본 장소인 조선족 학교가 날로 줄어들고 있고 장가들 나이의 총각들의 결혼대상자가 없어 고민하고 있다. 그리고 집거지역의 조선족 인구가 급격히 줄어들면서 옛날 그들이 모여 살던 우리 농촌은 날로 피폐해가고 있다. 원래 소수에 속하는 조선족에게 있어서 이러한 문제들은 민족특성의 약화를 초래하였으며 결국에는 민족 동화의 길을 다그치는 것과 다름이 없다. 일각에서 "위기설" "해체설"을 제기할 정도로 조선족 사회는 심각한 진통을 겪고 있다.

물론 조선족 사회 발전 양상에는 불리한 요소만 있는 것은 아니다. 조선족은 문화소질이 높고 변화에 잘 적응하는 능력이 있을 뿐만 아니라 민족의 현황을 잘 파악하고 원활히 대응할 수 있는 능력도 갖고 있다. 조선족은 광범한 시장 진출에서 민족의 경제 실력을 키웠으며 외계와의 접촉에서 민족의식도 강화되었다. 그리고 한반도에는 두 개의 주권국가가 있고 조선족이 그들과의 연대가 더욱 깊어가고 있는 것도 유리한 조건이 아닐 수 없다.

우리가 기억해야 할 것은 다만 다민족국가에서 민족이 동화되지 않고 살아남으려면 반드시 민족 특성을 지켜야 한다는 것이다. 그리고 민족이 특성을 보존하려면 민족의 위치를 정확히 파악하고 지위를 확고해 해야 한다. 이 길은 오직 선진민족으로 부상하는 것밖에 없다.

한 민족에게 있어서 경제, 문화가 발달하고 영향력 있는 과학대가,

석학들이 많이 출현하면 민족적 긍지와 자신감은 자연히 고취되고 민족을 아끼고 사랑하는 마음은 더욱 강해지기 마련이다. 때문에 선진민족으로 탈바꿈하면 우리는 인구로는 비록 소수에 속하지만 동화되지 않고 민족특성과 정체성을 지켜나갈 수 있을 것이다.

그리고 인구분포도의 변화는 도시 민족 교육의 필요성과 절박성을 부각시켰고 민족 성원들의 각종 형식의 모임은 민족적 연대성 증대를 강화시켰다. 특히 도시 민족 교육은 민족 문화계승에 없어서는 안 되는 요소이고 도시의 민족 모임은 교류의 장소로 서로의 연대감을 깊이 하며 민족의식을 자각케 한다.

앞으로 주인의식을 키우고 민족 발전 사업에서도 과거 항일전쟁, 해방전쟁과 합작화운동시기의 열정으로 일을 하였으면 한다. 그리고 술과 노름 등과 과소비의 돈을 적당히 아껴서 도시 민족 교육기금, 민족 인구발전기금 등을 마련하여 우수한 민족인재를 양성하고 민족 인구를 증가하는데 활용할 수 있도록 모두 노력하였으면 한다.

현재 우리 앞에는 도전과 기회가 동시에 기다리고 있다. 우리가 어떻게 하는 가에 따라 민족이 위축되거나 전진할 수도 있다. 민족의 모든 성원들이 모두 각성하여 힘을 합쳐 당면한 문제들을 제때에 해결하고 민족 사회성장을 위하여 노력한다면 우리는 위를 지혜롭게 피면하고 아름다운 앞날을 펼쳐 나아갈 수 있을 것이라고 본다.

『요녕조선문보』, 2011.3.4.

# 조선족의 민족 정체성에 관하여

조선족은 한반도에서 온 이민자 및 그들의 후손으로 구성되었다. 따라서 그들의 민족적 정체성은 원천적인 것으로부터 이민 온 지역의 상황에 의하며 일정한 변의 과정을 겪었다. 그 결과 중국적 요소가 많이 첨가된 탈한반도적인 조선족의 민족 정체성이 수립되었다. 하지만 한반도 주민과의 "同源"이라는 전통적인 연대성은 무시할 수 없다.

## 1. 민족 정체성이란?

정체성이란 심리학적 개념으로 영어 "identity"와 중국어 "認同"과 서로 통한다. 이에 대한 해석은 많으나 주요하게 신분 및 자아동일성으로 많이 사용한다. 그 뜻인즉 나는 누구이며 어디서 와 또 어디로 가는

이다.

매개 민족은 자아민족이 소유한 특징으로 기타 민족과 구별된다. 여기서 민족 정체성이 거론되는데 그 뜻인즉 주요하게 자아민족에 대한 깨달음으로 소속 성원들이 본인은 어느 민족에 귀속한다는 의식 또는 태도를 말한다. 그리고 민족 정체성은 타민족과의 만남과 부딪침에서 더욱 뚜렷해진다.

민족 정체성은 자아민족에 대한 신념과 귀속감이 커가면서 더욱 강해진다. 그리고 민족 정체성은 고정불변한 것이 아니므로 사회 발전과 민족이 처한 상황의 변화함에 따라 어느 정도 변화되고 해체되어 새롭게 생성될 수도 있다.


## 2. 국가정체성과 민족 정체성

국가정체성은 국민들이 국가에 대한 인정과 귀속감이고 민족 정체성은 민족 성원들이 자아민족에 대한 인정과 귀속감이라고 할 수 있다.

현재 우리가 말하는 국가는 민족을 단위로 한 근대적 국가로 이는 자산계급혁명의 결과이기도 하다. 근대 민족주의 기치 하에 세운 단일 민족국가에서는 국가정체성과 민족 정체성이 통일되어 있다.

하지만 다민족 국가에서는 국가정체성과 민족 정체성이 꼭 일치하다고 할 수 없다. 국민으로서 그 국가에 대한 소속의식 등은 여러 민족들이 모두 소유하고 있으나 개별 민족으로서는 그 민족에 대한 귀속감 또한 무시하지 못한다.

다민족국가에서 국가정체성과 민족정체성 사이의 갈등으로 많은 고민을 하고 있는 것도 지금의 현실이다.


## 3. 조선족 사회의 형성

중국 조선족은 한반도 이민에 의하여 형성된 한민족의 한 갈래이다. 현재 조선족의 대부분은 19세기 중엽 이후 중국동북에 이동, 이주와 더불어 정착한 조선인 및 그들의 후손들이다. 특히 청나라의 봉금정책 해제와 일본제국주의 조선침략은 더 많은 조선인들의 중국 진출을 부추겼다. 하여 중국재류의 조선인이 제일 많을 때 200만 명을 초과하였다.

1945년 8월 일본패전 이후 수십만 명의 조선인들이 한반도로 귀환하였고 여러 가지 원인으로 중국에 남은 조선인들도 적지 않았다. 당시 이 부분의 조선인들이 토지개혁을 통하여 토지를 배분받았고 현지정권 건립에도 많이 참여하면서 중국 정착의 경향이 날로 강해졌다. 따라서 중화인민공화국건립과 더불어 법적으로 중국 조선족에로의 전환을 완성하였다.


## 4. 조선족의 민족 정체성

### 1) 이동, 이주와 정착과정에서 조선족 정체성의 형성

조선족 선조들이 두만강과 압록강을 건너 중국에 오기 시작한 중요한 계기는 우선 생활난이었다. 당시 만주의 넓은 땅과 풍부한 물산이 그들을 유혹했을 뿐 언제는 꼭 한반도로 돌아간다는 생각은 조금도 변함이 없었을 것이다. 이때의 정체성은 원천적인 한반도적인 성향, 즉 "나는 조선인이다"는 관념이 아주 농후하였다.

그 후 황무지를 개간하고 새로운 삶의 터전을 마련하면서 중국에 "입적"한 경우도 있어 정착성향도 날로 뚜렷해졌다. 하지만 민족 정체성은 여전 한반도적인 것이었다.

동시에 중국에 체류한 조선인들의 중국적인 요소도 점차 뿌리내리기 시작하였다. 이는 일부 신문 기사를 통하여 그 당시의 동부재류의 조선인들의 중국 정착 성향을 볼 수 있었고 이들이 중국 국내 해방전쟁에 적극적으로 참여하고 토지개혁 과정에서 토지를 부여받으면서 중국 정착을 고정화시켰으며 민족 정체성도 탈한반도적인 중국적 경향으로 변화하기 시작하였다.

그리고 중공중앙 동북국에서 조선족을 "중국의 소수민족"으로 인정하고 조선족과 조선교민의 명확한 구별은 중국 조선족정체성에 중요한 의의를 부여하였다.

## 2) 중화인민공화국 건국과 조선족 정체성의 확립

1949년 10월 1일 모택동 주석은 전 세계를 향하여 중화인민공화국의 성립을 선포하였다. 이 직전에 중국공산당 연변지구위원회 서기, 연변전원공서 전원 주덕해가 동북조선인민대표로 1949년 9월 제1기 중국인민정치협상회의(당시 전국인민대표대회 권리대행 기구) 제1차 회의에서 위원으로 당선되었고 중화인민공화국 개국대전까지 참석하였다.

동시에 동북지역의 조선인사회도 많은 변화를 가져왔다. 동북의 조선족집거지역에는 조선족간부들이 많이 발탁되었고 각급 조선족 학교들이 많이 세워졌다. 더욱이 1952년 "연변조선민족자치구" 설립과 더불어 기타 조선족집거지역에는 한민족 자치향, 자치촌들이 많이 설립되었다. 이 모든 것은 조선족이 이미 법적으로 중화인민공화국의 일원이라는 것을 확정하였다.

하지만 법적 확립은 되었으나 관념적으로나 실지적으로는 좀 늦었다. 당시 조선과의 연계도 밀접하였고 "조선인", "조선인민", "조선민족" 등 칭호가 "조선족" 보다 더 많이 보였다.

사실 1950년대를 보아도 당시 조선족은 "조국" 의식은 약간의 혼란을 겪었다. 당시 조선족의 "다 조국론"이 많이 거론되었는바 "중국은 인민 조국이요 조선은 민족조국이다"는 말도 있었다. 하지만 1950년대 중반 이후 조국 문제에 관한 공개 토론과 모호한 인식에 대한 비판을 통하여 조선족 사회의 조국에 대한 인식을 새롭게 정립하였다. 이러한 것은 조선족의 민족적 정체성 확립의 중요한 계기가 되었다.

이와 동시에 중국 조선족은 중국의 농업합작화 운동, 사회주의 개조와 문화대혁명 등을 겪으면서 자신의 중국 국민성과 조선족의 민족 정체성을 더욱 명확히 수립하게 되었다. 다시 말하면 조선족에게는 탈한반도적인 중국 국민의식과 중국 다민족가정의 일원인 조선족이라는 의식이 보다 강하여졌다. 물론 그렇다고 한반도주민과의 "同一源流"의 전통적인 연대감을 완전히 털어버릴 수는 없었다.

1990년대 말 필자의 설문조사에 따르면 96% 이상의 응답자가 조국을 "중국"이라고 적었고 기타 민족이 조선족의 우수성을 언급할 때 응답자의 97% 이상이 "자긍심을 느낀다"고 답하였다. 이와 같이 조선족에게는 중국 국민이란 의식과 조선족이라는 의식이 아주 깊어졌다.

이러한 의식 속에서 조선족은 중국 국민으로 중국 사회 흐름에 적극적으로 동조하고 주류 사회에도 많이 진출하게 되었는바 조선족 가운데 중국국가 영도자가 나오고 정부장관이 나왔으며 중국인민해방군 상장, 중장, 소장 등 장군계급을 지닌 사람들도 10여 명 산생하였고 또 10여 명의 정부 차관급과 수백 명의 국장급 인물들이 나왔으며 또 수천, 수만 명의 대학 교수 등 자연과학과 인문사회과학의 연구자와 기술인원들이 배출되었다. 이 가운데 우주선발사, 위성발사 등 과정에 중요한 역할을 담당한 조선족과학자도 있다.

그리고 조선족은 평등한 중국민족정책 하에 민족 언어, 민족 문화를 보존하고 활용하면서 민족 정체성을 굳건히 키워왔다. 연변조선족자치주, 장백조선족자치현에서는 공식사용문자를 조선어로 규정하였고 수십 개 민족향에서도 민족자치의 혜택을 받고 있다. 그리고 조선족이 집결한 동북 3성과 내몽골에서 수백, 수천 개의 조선족 중학교와 소학교가 있으며 조선글 출판사, 조선어 방송국, 조선족 문화관 등이 설립되어 있다. 이러한 것은 민족 언어 유지와 민족 문화 전승에 큰 기여를 하였으며 민족 정체성 강화에도 큰 역할을 하였다.

이와 같이 중국 조선족은 중국 사회의 흐름에 따라 개혁개방까지 민족 정체성을 굳건히 지켜왔다고 할 수 있다.

### 3) 개혁개방 이후 조선족 정체성의 변화양상

개혁개방 이후 조선족 사회는 급격한 변화를 맞이하였다. 인구 이동에 따른 거주 분산화, 민족집거 지역의 슬럼화, 민족 교육의 급속한 축소, 한국과의 교류 등은 조선족의 민족 정체성에 많은 변수를 초래하여 다중양상을 보였으며 이러한 정체성은 시기에 따라, 대상에 따라 강화-약화-강화의 교체가 반복되었다.

하나는 민족집거 지역을 떠나 중국 기타지역으로 진출한 경우 그 당사자들이 기타 민족들과 접촉하면서 자신이 조선족이라는 것을 더욱 체감하였고 또 사업과정에서는 민족적 차별감도 느끼게 되면서 민족 정체성이 강화되는 한편 의식적으로 민족성을 감추려는 생각 또한 없지 않았다. 이러한 갈등에도 불구하고 이들의 민족 정체성은 강화되었다고 볼 수 있다. 또 한편 한국의 성장과 중국진출은 조선족의 민족적 정체성 강화에 도움이 되기도 하였다.

민족 정체성 약화의 돌출한 현상은 산해관 이남 도시 지역에 진출한 조선족 가정의 자녀들에게 나타나고 있다. 이들은 민족 교육을 받을 여건과 기회가 없어 민족 언어와 민족 문화를 터득하지 못하고 민족의식이 점차 희미해짐에 따라 민족에 대한 애착이 날로 멀어져 가고 민족 정체성도 약화의 양상을 보이고 있다.

다음은 한중수교 이후 조선족들이 한국에 많이 진출하였다. 이들에게 처음에는 중국 국민의식보다 한민족이라는 의식이 앞섰고 코리안 드림에 많이 기대하였다. 하지만 정작 그들이 한국에서 한국사회와 한국인의 심각한 차별과 편견을 느끼면서 한국에 대한 기대는 날로 약해지고 한민족이라는 의식보다 중국인, 그리고 중국 조선족이라는 의식이 더욱 강해지기도 하였다.

또 다른 한 경우 일부 사람들은 한국에서 차별을 느끼면서 돈을 벌려고, 좀 더 자유로이 한국에서 일을 하고 친척들을 초청하기 위하여 한국 국적 가입에도 적극적이었다. 이들에게는 중국 국민과 조선족이라는 정체성보다 생존과 이익이 더 우선이었다. 어떤 의미에서 보면 민족 정체성이라는 것도 매 개인의 실제적 이익 앞에서는 한순간 무력감을 느끼지 않으면 안 되었다.

다른 한면 조선족이 갖고 있는 한반도적인 특징과 중국적인 특징으로 조선족의 민족적 정체성을 어떻게 이해해야 하는가에 대하여 현재 논란도 일고 있다. 일부에서는 조선족정체성의 이중성을 말하고 있는데 소위 조선족은 "중국공민이면서 한민족이라는 이중성을 갖고 있다"는 주장에서 "중국공민"과 "한민족"이라는 개념은 동차원의 개념이 아니고 특히 중국에서는 상하위 개념으로 대등하지 않은 이 두 개념을 합쳐서 조선족의 "이중성"이라고 말하기는 어렵다. 만약 성립되면 중국의 56개 민족이 모두 "이중성" 민족이라고 할 수 있는 않는가?


## 5. 조선족의 미래전망

민족적 정체성을 유지하는 것은 민족의 생존과도 연관된다. 조선족이 타민족에게 동화되지 않고 민족적 입지를 튼튼히 하려면 반드시 민족 정체성을 강화하여야 한다. 여기에는 민족적 지혜가 필요하면 민족적 힘을 키워야 한다. 미래지향적인 안목으로 볼 때 한반도 주민들과의 연대감도 강화하여야 한다.

현재 조선족 사회의 많은 부정적 결과는 한국을 향한 코리안 드림이 아주 큰 화근이 되었다고 볼 수 있다. 그 하나는 한국 정부의 차별적인 해외 동포정책이고 또 하나는 한국사회의 부정적 또는 차별적 태도에서 비롯되었다. 때문에 한국 정부는 명확하고 무차별적인 해외 동포정책을 제정하여야 하며 (현재 많이 좋아지고 있지만) 한국에서나 중국에서나 조선족 입지를 튼튼히 하는데 힘을 기우려야 한다.

다음 조선족 자신도 경제력을 빨리 키워야 한다. 경제력이 커짐에 따라 도시의 집거지역도 조성할 수도 있고 민족학교도 세울 수 있으며 문화 활동 장소도 만들 수 있다. 이러한 것 모두가 민족 정체성을 유지하는데 꼭 필요한 여건이 아닐 수 없다.

세 번째는 우리 모두 "한민족"이라는 미래지향적인 의식을 키우는 것도 중요하다. 이것은 조선족의 정체성, 한국과 조선의 민족 정체성, 제일 조선인의 정체성 등을 떠나서 "한민족" 또는 "한민족"의 정체성을 수립하고 세계적인 민족으로 탈바꿈하는 것이다.

# 민족적 경제력 제고에 관한 사고

## 1. 경제는 민족생존과 발전의 관건

지금의 세계는 많은 경우 경제력에 의하여 좌우되고 있다. 어느 국가나 민족이든 경제력이 약하면 그 영향력과 발언권도 약하기 마련이다. 더욱이 국가지간, 민족지간에 경쟁이 치열한 현재 경제력 신장은 국가와 민족의 생존과 발전에도 밀접히 관련되고 있다. 어느 국가나 민족을 막론하고 경쟁시대에 살아남고 자신의 입지를 튼튼히 하려면 반드시 경제 발전과 경제력 신장에 힘을 기울려야 한다.

개혁개방 이후 중국경제의 신속한 발전은 전통적인 경제구조를 많이 변화시켰다. 따라서 전통적인 농업위주의 경제는 점차 하위로 밀렸으며 조선족의 논농사 위주의 경제적 우세도 점점 사라졌다. 개혁개방 이후 중국은 도시화 과정의 급속화와 더불어 공업 경제, 특히 서비스 산업의 비중이 날로 커 가고 있는 추세를 보이고 있다.

현재 조선족 사회 발전을 보면 역시 중국 개혁개방의 앞장에 섰다. 인구적 소질이나 조선족의 도시화수준, 공업과 서비스업의 비중 등은 중국 여러 민족보다 앞섰고 민족적 경제도 많은 발전상을 보이고 있지만 민족적 경제력을 보면 아직 매우 약한 수준에 머물러 있다. 도시화와 농촌 인구의 대량적인 이동은 매 개인의 경제 생활을 상대적으로 더 풍부하게 하였고 전체적인 민족 경제도 많은 발전을 가져왔지만 민족 인구의 분산화는 민족적 경제력의 분산도 초래하였다. 다시 말하면 총체적으로는 민족적 경제력이 강화된 것 같지만 단위적으로 볼 때 민족 경제는 더욱 분산적이여 그 영향과 효력이 뚜렷하지 못 하였다.

민족의 경제력 신장은 민족의 생존과 발전에 연관되는 관건적 문제로 민족의 입지를 굳히고 타민족과의 경쟁에서 살아 남으려면 반드시 전 민족 성원들이 힘을 합쳐 민족 경제를 발전시켜야 한다.


## 2. 조선족 경제력 제고의 여건은 이미 마련 되어 있다

중국은 다민족국가이나 인구적으로 한족이 절대다수를 차지한 국가로 기타 민족들의 민족적인 발전에는 많은 제한을 받고 있다. 특히 인구 분산화에 따른 민족 집중 거주지역 인구의 소실은 민족성 유지와 민족 경제 발전에 매우 불리한 영향을 초래하고 있다. 하지만 민족이 존재하는 한 민족적인 추구, 즉 민족적인 경제 발전 추구, 민족적인 경쟁력 추구, 민족적인 생활방식 추구, 민족적인 교육 추구 등은 사라질 수 없다.

민족적인 추구에는 민족적 경제력이 뒷받침해야 하며 이를 위하여서는 꼭 민족적 경제력을 키워야 한다. 조선족의 민족적 경제력제고에 여러 우세가 있다.

첫째, 조선족은 인구 자질과 교육문화 보급수준 등이 중국에서 앞서고 있다. 일찍이 1990년 중국인구 센서스 자료에 의하면 중국 총인구 가운데 초등학교 이상 교육을 받은 비율은 전 중국 평균수준은 69.81%이고, 한족수준은 70.67%이며 소수민족 평균수준은 60.60%인데 비해 조선족수준은 82.75%에 달하였다. 교육인구 매 만 명 가운데 대학 수준 소유자 수효를 보면, 전국 평균수준은 78명이고 한족은 79명이며 소수민족 평균은 61명인데 비해 조선족은 227명에 달한다. 그리고 15세 이상의 인구 문맹률을 볼 때, 중국 총체의 평균 문맹률은 22.21%이고, 소수민족의 평균 문맹률은 30.83%에 달하며 한족의 문맹률도 21.53%이다. 이에 비해 조선족의 문맹률은 7.00%밖에 되지 않는다. 15—39세 연령층의 조선족 문맹률은 0.49%에 불과하지만 한족의 문맹률은 8.75%에 달한다. 교육연한을 보면 전 중국 평균수준은 6.25년이고 소수민족 평균은 5.29년이나 조선족은 8.52년에 달하였다. 조선족 교육문화 발전의 이러한 수준은 지금에도 마찬가지이다. 민족의 인구자질이 상대적으로 높다는 것은 그 민족의 새로운 사물접수, 새로운 환경적응, 새로운 기술터득 등 능력이 상대적으로 강하다는 의미와 같다고 할 수 있다.

둘째, 조선족에게는 중국 기타 민족에게 없는 해외관계-한국과 북한이란 두 개의 나라가 있는 것이다. 중국 조선족은 1960년대까지 북한과의 교류에서 많은 혜택을 받았고 1980년대 말부터, 더욱이 90년대 한중 수교 이후에는 한국과의 교류에서 경제적으로 많은 혜택을 받고 있다. 현재 수많은 조선족이 한국에 나가 일을 하고 있으며 또 많은 사람들이 국내에서 한국과의 각종 교류를 진행하고 있다. 이는 한 방면으로 조선족의 관념 갱신과 경제력 신장에 많은 도움을 주고 있으며 또 한 방면으로는 한국의 대중국 교류에도 많은 기여를 하고 있는 것이다. 조선족은 중국에서 기타 민족에게 없는 유리한 해외여건을 활용하면 민족적 경제력의 더 빠른 신장을 기대할 수 있다.

그리고 중국 조선족은 민족이 지닌 특수한 우세로 세계화 흐름 속에 가세하고 있다. 그 일례로 조선족 전체의 약 10%에 달하는 인구가 현재 중국을 떠나 세계 여러 나라에서 국제화를 체험하고 있다는 것이다. 이것은 세계적인 민족적 네트워크를 형성시켜 세계 기타 여러 나라의 동포들과의 경제, 문화 방면의 교류를 추진하는 계기로 되어 민족 경제력 제고에 크게 기여할 수 있다.

셋째, 조선족 유지인사들이 민족 발전의식을 갖고 민족적 경제력신장을 위하여 여러모로 노력하고 있다. 도시화 과정과 인구 이동으로 집중거주지역 농촌의 축소, 민족 교육의 약화, 민족특성의 점진적 소실 등 문제로 많은 민족 성원들이 걱정하는 한편 이러한 문제들을 해결하기 위하여 노력하고 있다. 더욱이 국내에서뿐만 아니라 현재는 국외에 나가 있는 조선족인사들까지 조선족 문제해결에 합류하여 민족 발전문제에 깊은 관심을 가지고 좋은 아이디어와 건설적인 견해를 내놓으면서 민족 발전 문제 해결에 실질적으로 동참하고 있는 것이다. 예컨대 현재 국내외 조선족의 네트워크 건설을 강조하고 실천하는 과정 등은 민족 발전에 크게 기여할 것이라고 믿는다. 오늘 이 모임도 국내조선족, 해외 진출한 조선족, 그리고 한국을 비롯한 동포사회의 해당인사 등이 모이여 조선족발전을 탐구하는 실천의 한 부분으로 기록에 남을 것이다.

## 3. 민족 경제 발전에 있어서 우세가 있는 반면 단점 또한 없지 않다

그 하나는 민족적 경제규모가 일정한 수준에 도달하지 못하였다. 과거 우리의 농촌경제는 자급자족의 소농경제위주로 분산적이고 소규모적이어서 전체적인 민족 경제력을 키우지 못하였다. 따라서 우리 민족 경제에서 규모적인 농장, 유명한 민족기업, 굴지의 민족기업가 등이 많이 나타나지 못하였다.

두 번째로는 민족의 경제력 축적이 부족하다. 민족이 처한 외부환경의 특수성이 없지 않으나 우리 민족 습성에는 경제적 저축성이 약하다. 그 단적인 예로 과소비현상을 들 수 있는데 전통적이나 현재나 막론하고 민족 성원들의 과소비현상은 놀랄 정도이다. 돈이 있으면 다 써버리고 없으면 빚을 내서 쓰는 경향은 현재도 여전하였다. 과소비를 비롯한 이러한 현상의 결과로 경제적 축적이 결핍하여 경영자금 확보, 확대생산 등이 어려워질 수 밖에 없다.

## 4. 민족의 경제인재와 경영관리인재의 양성이 급선무

중국의 현실 환경을 보면 민족 성원들의 정치행정적 출로는 좁고 제한적이지만 경제경영의 길은 점점 넓어져 가고 있는 추세이다. 따라서 조선족 사회 발전 과정에서 민족적 경제력신장의 중요성을 강조하고 더욱 많은 경영인, 기업인이 주류 사회에 진출하도록 민족 사회전체가 노력하지 않으며 안 된다.

이러한 목표를 실현하기 위하여서는 여러 도경을 통하여 민족의 경제인재와 경영관리인재를 많이 양성하여야 한다.

첫째, 민족 성원들의 경제의식을 강화하여야 한다. 경제는 일체 사회생활의 토대로 경제력의 강약은 민족의 강약과 연관된다. 특히 사회정치 환경이 민족 성원들의 정치적 출로를 제한하는 여건 하에서 민족을 단합하고 민족의 힘을 강화하며 민족성을 유지하는 데는 무엇보다도 경제력이 제일 중요하다고 본다. 때문에 민족 성원들에게 사람마다 경제인이 되자는 관념을 주입시켜 전 민족의 경제의식 제고에 힘을 기울려야 한다.

둘째, 경제인재와 경영관리인재의 양성에는 전체 민족 성원들의 노력이 필요하다. 우리에게는 아직 시장경제 의식이 박약하고 과소비 경향이 심하다는 단점들이 있기는 하나 개혁개방 이후 특히 중국이 사회주의 시장경제체제를 도입한 후 민족 성원들의 경제의식이 많이 강화되었고 여러 경제 분야의 종사자들이 더 많이 나타나고 있다. 이 가운데 일정한 실력을 갖춘 기업인, 경영인들이 점차 두각을 내기 시작하였다. 하지만 우리의 경제인들이 현존의 실력으로는 중국의 주류경제사회에 진출하기에는 아직 너무 미흡하다. 때문에 어떻게 하면 민족전체의 힘을 합쳐 우리의 경제인, 경영관리인재를 더 많이 키울 수 있는가 하는 것은 우리 모두가 고민하고 좋은 방도를 찾아야 한다.

셋째, 우리의 우세를 활용하여 민족적 네트워크를 형성시켜 민족의 경제인재와 경영관리인재 양성에 힘을 기울여야 한다. 우리에게는 선진국 문턱에 닿은 한국이 있고 일본, 미국 등 나라에 진출한 수많은 동포들이 있다. 한국은 우리와 직접 교류하는 이외에 경제인재 양성에 많은 도움을 줄 수 있는 여건이 있다. 세계로 진출한 조선족들은 자신의 여러 가지 기능을 연마하는 동시에 국내의 조선족 경제인과 제휴하여 같이 민족의 경제 발전에 기여할 수 있다. 우리는 이러한 모국적, 인적 자원과 우세를 활용하여 민족의 경제인재, 경영관리인재를 양성하여 민족적 경제력 제고에 적극적으로 참여하여야 할 것이다. 다른 한면 한국도 정말 중국 조선족을 해외 동포라 생각하면 국가차원에서 조선족 경제인재 양성을 착실히 지원할 수 있는 어떤 시스템을 마련해야 한다. 이것이 모국인 한국 정부의 적극적인 자세이다.

현재의 세계는 경쟁 속에서 휩싸여 있다. 어느 국가나 민족이든 치열한 경쟁 속에 살아 남으려면 반드시 자신의 경제적 기반을 튼튼히 가꾸어야 하는바 여기서 중대한 역할을 할 수 있는 힘이 바로 경제인재, 경영관리인재 등에 있다. 우리는 여러 가지 도경을 통하여 될수록 빨리 민족 경제의식을 높이고 민족적 경제인을 많이 양성해야 한다. 그리고 민족의 경제인, 기업인 그룹을 형성시켜 그들 간의 연대감을 강화하는 것도 우리 앞에 놓인 중대한 과업의 하나이다.

『중국민족』, 2012년 제6기

# "연변시"의 구상은 "연변조선족자치시"인지
# 아니면 일반 지구급"시"인지?
## -"연변시"구상에 대한 소감

　　연변조선족자치주 주장 리룡희씨가 얼마 전 전국인민대표대회회의에서 "자치주"를 "시"로 고칠 의향을 제출하였고 또 이를 위하여 뛰어다녔다고 한다. 연변의 지방행정수뇌로서 본 지역의 발전구상을 이야기하는 것은 당연한 것이나 소위 경제 발전구상만 강조하고 연변의 특수성, 즉 민족성을 회피한 감을 주기도 한다.

　　연변경제사회 발전에서 연길시의 역할이 대단하다. 하지만 연길시는 현급시로 제 역할을 다 못하고 있는 것은 사실이다. 따라서 "자치주"와 자치주소재지 현시와의 관계 문제가 부각되고 이 문제를 해결하기 위하여 여러 분야에서 논의하기도 하였다. 중국민족이론학계에서는 이들의 관계 문제를 해결하려면 "민족자치시"를 설치하여야 한다는 학자도 있다. 가령 "자치시"가 현실로 되면 민족이론연구에서도 하나의 돌파라고 할 수 있다. 하지만 현시점에서 보면 "자치시" 설치가 아주 어렵다는 것도 알 수 있다. 왜냐하면 "자치시"를 개설하면 헌법으로부터 일반 규정에까지 모두 수정해야 하기 때문에 공정이 복잡한 것이다. 물론 중앙 주요책임자들이 결심하고 실행하다면 빨리 현실로 될 수도 있다. 리룡희 주장의 "주"를 "시"로 변화시키려는 의향 역시 연변조선족지치주 소재지 연길시의 행정력을 강화하려는 의도가 있는 것은 알 수 있다. 다만 나의 소견 같아서 몇 가지는 명확히 해야 한다고 강조하고 싶다.

하나는 연변이 소수민족 지역이라는 것을 잊지 말아야 한다. 따라서 행정구역 변경을 거론할 때 항상 "민족"을 빼놓지 말아야 할뿐만 아니라 더욱 강조하여야 한다.

두 번째는 "민족자치시" 설치 가능성을 잘 파악하여야 한다. 만약 연변자치주가 "민족자치시"로 개칭되지 않고 "연변시"로 개설된다면 이를 극력 반대해야 한다. 왜냐하면 이러한 작법은 민족자치를 약화 내지 취소할 가능이 있기 때문이다. 생각해 보면 뻔 한 일이 아니겠는가? 먼저 연변에 "자치"가 없을 때 행정수뇌에 꼭 조선족이 된다고 누구 장담할 수 있겠는가? 다음 연변이 자치지역이기 때문에 조선족이 주장이 되고 인민대표로도 되며 부성장/부서기 내지는 장관까지 될 수 있지 않았는가? 지금까지 전쟁 시기를 겪은 원 흑룡강성 정치협상회의 부주석 리민 동지 이외 동북3성에서 발탁된 조선족 차, 장관급 인사가운데 누가 연변조선족자치주 주장 또는 서기를 겪지 않았는가? 한족도 예외가 아니다. 장덕강, 소영 등도 연변조선족자치주를 발판을 하지 않았는가?

세 번째는 "연변조선족자치주"는 연변만 대표한 것으로 보면 안 된다. 연변조선족자치주는 중국 200만 조선족의 중심 역할을 하여야 하므로 자치주 책임자라면 "연변" 울타리를 벗어나 더 큰 안목으로 전체 조선족 사회 이익의 대변인으로 되어야 할 각오가 있어야 한다. 그리고 우리는 다른 지역의 교훈을 섭취해야 한다. 호남성의 장가계시가 상서토가족자치주를 이탈한 것이나 요녕성 봉성만족자치현 등이 봉성시로 개칭한 후 이러한 지역에서 민족정책의 혜택을 향수하는데 많은 어려움에 봉착한 사실을 기억하여야 한다.

마지막으로 이룡희 주장은 "국가에서 우리에게 '선행선시'를 부여한 만큼 우리는 응당 많은 면에서 보다 사상을 해방하고 보다 사로를 넓혀야 한다. 이래야만 '나아갈수 있다'."고 했지만 나는 조금 근심이 된다, 그것인즉 경제사회 발전을 추구하는 데서 연변이 앞선다면 좋은 것이나 가령 "민족자치시"가 아닌 "연변시"가 사실로 된다면, 중국 기타 소수민족의 미움을 초래할 수도 있기 때문이다.

『조글로』 2012.7.31.
http://www.zoglo.net/blog/read/zhengxinzhe/124949

# 조선족 문화 산업 활성화,
# 두 마리 토끼를 모두 잡을 수 있다

현재 인구 이동, 도시화와 더불어 조선족 사회에 있어서 민족 문화 전통이 날로 희박해지는 추세가 보인다. 하지만 민족 문화 전통은 민족 구성의 중요한 특징의 하나로 민족존속과 발전에도 연관이 되므로 민족이 살아남으려면 귀중한 민족 문화를 반드시 보존 전승하여야 한다. 다른 한면 경제 발전에 따라 크게 늘어나고 있는 사람들의 문화생활수요에 호응하여 문화 산업이 신속히 성장하고 있으며 이 가운데 민족 문화는 그 풍부성과 특수성으로 날로 주목을 받고 있다. 우리는 이러한 계기를 활용하여 민족 문화 산업을 부흥시킴으로 민족 문화의 발전과 전승에 더욱 기여하여야 할 것이다.


## 1. 문화 산업이란?

문화 산업이란 각종 문화자원에 대한 투자와 경영의 경제행위를 말한다. 현재 사회 발전과 생활 수준의 제고에 따라 인간들의 생활추구도 날로 다양해져 물질적 패션을 추구할 뿐만 아니라 생활에서의 문화적 요소를 더욱 중요시하고 있다. 따라서 문화 산업이 흥기되고 신속히 성장하여 그 경제적 효과도 날로 뚜렷해지고 있다. 더욱이 문화 산업은 특정지역의 경제, 사회 발전에서 더욱 큰 역할을 발휘하고 있다.

한 지역에서 이미 존재하고 있는 각종 문화유산에 대한 보호와 관리, 활성화 및 각종 형식의 문화 활동 등은 그 지역 문화 산업 발전을 추진하는 근저이다. 그리고 그 지역의 독특한 문화특징이 하나의 흡인력이 되어 외부로부터 인재와 투자를 유치함으로 최종에는 그 지역개발과 경쟁력제고에 더욱 큰 기여를 하게 된다. 한 지역에서 문화예술 활동 및 문화 산업이 부흥되면 기업의 투자와 생활 소비를 추진할 수 있으므로 그 지역경제 사회 발전의 하나의 중요한 기초로 될 수 있다. 한 연구에 의하면 제조업의 30%와 서비스업의 50%가 투자를 결정할 때 먼저 그 지역 문화자원의 가용성을 중요시한다고 한다. 다시 말하면 민족지역에서 문화예술 활동과 문화 산업이 흥기되면 기업의 투자와 소비생활을 신속히 추진할 수 있어 그 지역발전의 중요한 기초로 될 수 있다는 것이다.

문화 활동이 문화 산업과 지역발전을 추진하는 데는 영상, 출판, 음악, 영화 등 문화 산업을 유치하는 것도 좋지만 더욱 중요한 것은 민속활동 예컨대 민간명절, 전통음식, 세시풍속 등과 그 지역 역사유적, 역사사건, 역사인물 등 소재를 활용하여 산업화하는 방법이다. 특히 후자는 지역 특색을 발휘하고 지역주민의 지원과 참여를 흡인하는 효과가 전자보다 더욱 강하다. 그리고 이것이 관광, 레저문화와 밀접히 연접되어 일종의 산업으로 형성되면 지역경제사회 발전에 강력한 활력을 부여할 수 있다.

이러한 의미에서 민족 문화 산업의 홍기와 신속한 성장은 민족지역경제, 사회 발전에 중요한 기여을 할 수 있다.


## 2. 우리의 풍부한 민족 문화자원

민족 문화란 한 민족의 생산, 생활과정에서 형성발전한 민족 특징을 띤 문화로서 주요하게 물질문화와 정신문화로 분류한다. 물질문화로는 음식, 복식, 주택과 생산기구 등이 포함되어 있으며 정신문화로는 언어 문자, 문학예술, 철학종교, 풍속습관 등이 포함되어 있다.

우리 민족은 유구한 역사를 갖고 있으며 풍부한 민족 문화자원을 소유하고 있다. 우리 민족의 문화자원을 크게 두 가지로 나누면 아래와 같다.

하나는 연변을 비롯한 조선족 지역에 민족의 역사 흐름을 반영하는 수많은 문화유적이고 또 하나는 장기적인 생산과 생활에서 형성 발전한 민속 문화이다. 이 가운데 민속 문화는 민족 문화자원의 개발과 산업화에 있어서 아주 중요한 부분을 차지한다.

민속은 민간풍속으로 민중들이 생산, 생활과정에서 창조하고 향유하며 전승해 가는 물질적, 정신적 문화현상으로 민속 문화는 대중의 생활문화에 속한다.

우리 민족은 장기적인 생산생활과정에서 의, 식, 주, 행 등 방면에서 민족 특징이 농후한 민속 문화를 창조하고 전승하여 왔다.

우리 민족은 낙천적 성격의 소유자로 노래와 춤을 즐겼고 다채로운 생활습속, 즉 경사로운 혼인풍속, 감격적인 환갑, 사랑과 미래의 희망이 깃들어 있는 돌잔치, 힘차면서 순박한 체육경기 등 풍속은 지금도 전승하고 있다. 그리고 전통음식들인 냉면, 찰떡, 김치 등은 그 독특한 맛으로 타민족에게도 많이 전파보급 되었으며 아름다운 민요, 전통가무, 특색의 주거, 고풍스러운 복식 등에도 농후한 민족 문화의 전통을 넉넉히 감수할 수 있다. 이 가운데 민족의 전통춤 농악무는 2009년에 유네스코 인류의 무형문화유산에 뽑혔고 춤으로는 중국에서도 유일한 것이다.

지금에 와서 이러한 민속 문화 등이 민족 문화 산업의 기초로 되어 민족 경제, 사회의 발전을 위하여 많은 기여를 하고 있다.


## 3. 민족 문화 산업의 현실

민족 문화 산업의 중요성이 날로 부각되어가고 있는 현재 각 지역에서는 민속 문화와 역사문화 유적 등 바탕으로 민족 문화 산업을 추진하고 있지만 아직은 이상적이 못 된다. 예컨대 민족 문화 산업발전의 하나로 현재 많은 지역에서 민속촌 건설과 민속관 건설을 하고 있지만 모두 단조롭고 획일적인 테두리를 벗어나지 못 하고 있으며 단지 표상적인 민속현상을 전시하는데 그치고 마는 수준 낮은 중복건설에 불과하다.

문화경영 인재가 아주 결핍할 뿐만 아니라 전반적 문화자원을 조합하여 활용하지 못하고 단조롭고 획일적인 품목투자는 지역 간의 경쟁만 부추기고 있다. 합리적인 문화 산업구조가 형성되지 못하여 축제나 민속촌 건설은 많으나 문화 산업 고리가 연결되지 않아 산업화정도가 아주 낮다. 그리고 전시나 디지털 기술 등 산업화 될 수 있는 품목이나 상품은 거의 없는 것이 현실이다. 다시 말하면 여러 지역에서 건설하고 있는 민속촌과 민속관은 거의 자기 특색을 나타내지 못 하고 있다. 단조롭고 획일적인 형식, 취미성과 체험성이 결핍한 내용, 그리고 민속 문화관광에 있어서 민속 문화산품의 상품화가 되어있지 않는 현실 등을 보면 역시 장기성이 없어 보인다.

## 4. 민족 문화 산업 활성화를 위한 제안

한 민족에게 있어서 이미 존재하고 있는 문화 자산에 대한 보존, 활용 및 다양한 문화 활동은 문화 산업발전을 추진하는 저력이다.

우리에게는 풍부한 민족 문화유산과 전통 문화자원이 있다. 우리의 풍속습관, 음식, 복식, 체육과 민간유희 등은 뚜렷한 민족 특징을 갖고 있다. 이것은 민족 문화 산업발전의 우세이다.

그럼 민족 문화 산업을 어떻게 활성화할 것인가?

하나, 민족 문화자원의 중요한 부분인 민속 문화 자원과 역사 문화자원을 충분히 발굴하여야 한다.

둘째, 현재 민족 문화 산업 발전의 중점은 민속 문화의 산업화에 있다. 예컨대 민속 문화 전시, 민속 음식, 민속 오락, 민속공예품 가공, 민간예술 홍보 등 민속 문화를 신속히 발전시켜 민속 문화브랜드와 민속 문화산품을 창출하여야 한다.

셋째, 민족의 민속 문화, 역사문화 등에 대한 지식성, 취미성, 체험성을 부각시켜 관광 속에 문화, 문화속의 관광을 포괄하는 특색이 있는 하나의 문화관광 산업의 브랜드로 만들어야 한다.

넷째, 민속촌 건설과 레저문화를 충분히 조합하여 민속촌에 가면 볼 것이 있고 놀 것이 있으며 먹을 것이 있고 조용히 쉬어갈수 있으며 또 돌아갈 때면 선물을 사 갈 수 있도록 다원화의 길을 가야 한다.

다섯째, 민족 문화의 산업화 과정에서 단순화, 획일성을 피하여 매개 지역의 특색을 살리는 것이 아주 중요하다.

민족 문화 산업은 문화 자원 시장화의 과정으로 경제적 효과를 기대할 수 있는 동시에 민족 사회 발전에 대한 기여도 기대할 수 있다. 우리는 민족 문화의 전시를 통하여 민족 문화를 보존하고 발전하는 계기가 될 수 있고 각 민족 사이의 상호이해 증진을 추진하는 매개로 될 수 있으며 또 사회 안정과 민족 화목의 풍경을 과시함으로 국제교류, 투자유치를 추진하여 지역경제사회 발전의 계기로 될 수도 있다.

『중국민족』 2013년 제2기

# 주인공 의식이 어느 때보다 필요하다

이민은 인구 이동에서 비롯된 것으로 이민으로 형성된 중국 조선족은 유전이라고 할 정도로 현재도 이동성이 강하다. 물론 인구 이동은 현대화와 도시화 흐름에 있어서 하나의 중요한 상징으로 감히 이동한다는 것은 그만큼 자신감이 있다는 것을 말한다.

우리는 농촌에서 도시로 향한 이동을 통하여 농민으로부터 도시 주민으로 신분 전환을 실현하였으며 이동을 통하여 도시에 새로운 터전을 닦고 더 좋은 생존환경을 도모하며 삶의 질을 높일 수 있는 새로운 계기를 마련하였다. 이것은 초창기에 우리 선조들이 쪽박을 차고 중국땅에 건너올 때의 생계유지와 완전히 다른 차원이다.

다시 말하면 현재 우리 조선족이 농촌에서 도시에로, 해외로 다량 이동하는 것은 시대 흐름에 맞은 움직임이고 새로운 재부를 창조하는 더 좋은 계기로 볼 수 있다. 그리고 적응성과 개척성이 강한 우리 조선족들은 어디 가든 모두가 새로운 환경에 잘 적응하고 기타 민족 부럽지 않게 자신의 삶을 추구하고 있다. 이것은 그 누구도 부인하지 못하는 사실이라고도 할 수 있다.

　문제는 우리 조선족은 적응성, 개척성이 강한 한편 "안착의식", "뿌리의식"이 상대적으로 약하며 "주인공 의식"은 더욱 약해 보인다. 예컨대 우리 조선족은 어느 민족보다 시대 흐름에 항상 앞서 새로운 터전을 잘 개척해 나간다. 하지만 어느 정도에 와서는 더 철저히 해보려는 의지보다 왕왕 현상유지 또는 새로운 자리 옮김을 도모하는 것이다.

　다시 말하면 빈번한 이동때문에 그들에게는 주인공 의식을 지니고 한 지역, 한 영역에 지속적으로 꾸준히 원래의 기반을 더욱 넓게, 더욱 깊게 하려는 의지가 약해 보인다. 그 결과 우리 조선족 사회 전체를 보면 대단한 사람들이 많이 보이는 것 같은데 아주 돌출한 인물들은 기타 민족에 비하여 많이 부족하다는 것이다. 어떻게 보면 이러한 현상이 바로 "주인공 의식"의 결핍에서 초래된 것이라고 하겠다.

　현 시대에 있어서 영활성을 띠고 새로운 환경, 새로운 직업에 감히 도전하는 것도 중요하지만 자기하는 일에 집착하고 꾸준히 밀고 나가는 것이 더욱 중요하다. 그러자면 먼저 무엇을 하든, 어디에 가든 당당한 주인공 의식을 갖고 거기에 애착을 가져야 한다. 두 번째는 자기가 하는 일, 생활하고 있는 곳에 몸을 깊이 담궈야 한다. 세 번째는 자신이 하는 일에만 몰두하는 장인정신이 특별히 필요하다.

　때문에 우리 조선족은 주인공 의식을 갖고 중국에 발을 붙이고 세계를 바라보는 원견을 수립하여야 한다. 우리 조선족 사회 성원들은 무엇을 하나, 어디에 가나 당당한 주인공 의식으로 그 영역, 그 지역을 사랑하고 꾸준히 산을 옮기는 "우공"같은 장인정신으로 자신의 삶과 민족의 운명을 지켜나가야 할 것이다.

# 중국인들의 "반한 정서" 발생 및 해소 방법

　얼마 전 한 인터넷의 기사를 보았는데 올림픽체육장 부근에서 한 일본인이 갈증이 나서 부근의 올림픽봉사자에게 물 한 병을 사려고 하는데 거기에 있는 물은 판매하는 것이 아니었다. 일본인은 그래도 물을 마셔야 하기에 자기는 한국인으로 목이 너무 타서 물 한 병만 팔라고 사정하는 바람에 봉사자는 물 한 병을 주었다. 일본인은 물값을 주려고 하나 봉사자는 파는 물이 아니기에 거저 마시라고 하였다. 그 다음 일본인은 감사하다는 말을 하면서 사실 자신은 한국인이 아니고 일본인이라고 말하였다. 봉사자는 왜 그랬느냐 물으니 일본인이라고 하면 중국인들이 더 반감을 사서 그랬노라 하였다. 중요한 것은 그 기사의 댓글이었는데 한 네티즌이 하는 말이 "너 정말 모르구나. 현재 중국인들은 일본인보다 한국인에게 더 혐오감을 갖고 있다." 하나의 댓글에 불과하나 중국인들의 한국인에 대한 정서를 어느 정도 알 수 있다고 본다.

　또 하나는 한국 매체에서 중국인들의 반한 정서를 한창 다루고 있을 때 중국 인민일보 산하의 글로벌 타임즈(환구시보) 등에서는 한국 매체에서 중국인의 반한 정서를 너무 과분하게 다룬다고 하면서 사실은 그렇게 심각하지 않으며 "반한 정서"는 가장된 명제이고 개념부터 과장된 것이며 "鑽牛角尖"(쓸때없는 데 힘만 버린다)이라고 하였다. 이러한 기사는 한국인들의 우려를 무마하려는 뜻도 있겠지만 또한 역으로 중국인들의 반한 정서를 그저 짚고 넘어 갈 것이 아니라는 것을 실증하는 것이 아닌가 생각해 본다.

서두를 이렇게 여는 본의는 현재 중국인들의 반한 정서는 확실히 심각하다는 것을 강조하기 위해서이다. 이것은 필자가 북경왕징 지역에 대한 현지 조사에서도 깊이 느끼고 있었던 문제이었다. 현재 우리가 할 일은 있는 사실을 인정하고 그 해결 대책 마련에 힘을 기우리는 것이 중요한 것이다. 그럼 중국인들의 반한 정서가 왜 이 지경에 빠졌을까? 무엇이 이에 부채질 했을까? 이 모두가 깊은 사색을 자아내는 문제가 아닌가 한다.

한중 수교 16년 이래 양국 관계는 아주 빠른 속도로 발전하고 있는 것은 모두 주시하는 바이다. 접촉이 많을수록 모순과 충돌이 많은 것은 당연한 것이다. 한중양국은 서로 간 교류에서 많은 곡절을 겪으면서도 정치, 경제 등 교류에서는 더 높은 차원인 전략적 협력파트너 수준에 도달하였다. 그러면 무엇이 중국인들의 "한류"(한국선호)에서 한국 혐오의 경지에로 몰았는지? 필자는 아래와 같은 점을 짚어 본다.

첫째, 한중양국의 문화교류에서 한국은 문화전파에만 급급했지 어디 한번 여유 있게 반성해 보았는가 하는 것이다. 예건대 한국드라마는 많은 중국인들이 즐겨 보았다. 그런데 낙도 도를 넘으면 비애를 초래한다는 말과 같이 현재 와서 그 많은 한국드라마의 획일적인 이야기와 주인공의 운명 등은 많은 중국인들의 한국드라마에 대한 실망과 혐오를 초래하기도 하였다. 최근 어느 사이트에서는 중앙텔레비전방송의 채널 8에서 너무 한국드라마들 방송하여 이 채널을 한국채널이라고 이름을 고쳐야 하지 않겠는가는 야유의 말도 한창 흥행중이다. 그리고 대방에 대한 반감이 생긴 이후에는 대방의 모든 것이 좋게 보이지 않듯이 이러한 현상들이 한류(한국선호)에서 한류(한국냉대)로 몰고 가는 하나의 원인이 아닌가 생각해 본다.

둘째, 일부 한국인들의 맹랑하고 자의적 행위와 언론이 매체를 통하여 널리 전파된 결과가 초래한 반한감정, 예컨대 장춘 동기아세아경기장에서 한국인들의 표어, 중국사천지진때 일부 네티즌들의 댓글, 약속 어기고 올림픽개막식 노출 등등 이러한 현상 모두가 중국인들의 반한 정서를 마구 부채질한 장본인이라고 할 수 있다.

셋째, 일부 한국인들이 중국에 와서 하는 행실, 예컨대 자고자대, 중국인 기시, 퇴폐한 행위, 그리고 일부 한국기업의 "야간 도주" 등은 한국인의 이미지를 적지 않게 흐려놓았다.

넷째, 일부 중국인들의 허무한 자존심의 반발로 볼 수도 있다. 대국으로, 과거의 "종주국"으로 자기 문화에 대한 우월감은 자기 반성보다 대방의 약점에 더 신경을 쓰게 되고 대방에 대한 질책을 더 잘 하게 된다. "반한 정서" 역시 이러한 체질의 어떤 발로로 볼 수 있을 것이다.

그럼 중국인들의 반한 정서를 어떻게 해소해야 할 것인지? 먼저 중국인들의 반한 정서에 대한 기본상황 파악을 해야 한다고 본다. 중국인의 반한 정서는 민간인 위주에서 대두한 정서이고 그 주요한 표출 방법은 인터넷을 통한 언론 발표라고 볼 수 있다. 인터넷 사용자를 볼 때 젊은이들이 주류를 이루고 있기에 반한 정서의 주요 집단 역시 젊은 계층이라고 볼 수 있다. 특히 중학생, 고등학교 학생 등은 아직 가치관이 미숙하고 세상 물정에 어두운 계층으로 한면으로 그들의 정서발로도 잠시적이라고 볼 수 있지만 다른 한면 그들은 미래와 밀접히 연관되어 있으므로 역시 간과할 수 없는 계층이다.

그리고 중요한 것은 많은 중국인들은 한국을 너무 모르고 한국인과 거의 접촉이 없는 상황 하에서 기분상 다른 사람들의 전하는 말과 인터넷을 보고 생긴 "반한 정서"라는 점이다.

중국인의 반한 정서는 주요하게 오해와 편견에서 생긴 문화 충돌의 현상으로 볼 수 있다. 그리고 오해와 편견은 왕왕 상대방을 모르는데서 발생하는 것이다. 때문에 기본상황을 파악한 후 그 대안의 중요한 여건으로 하나는 서로의 이해를 돕은 교류의 장소와 기회를 마련하는 것이고 다른 하나는 젊은이들에 대한 교양이 대단히 중요한 일이라고 볼 수 있다.

여기에는 양국 정부가 깊은 관심을 갖고 경상적으로 다원문화 교육을 진행하여 서로의 차이를 승인하고 상대방을 존중하는 의식을 키워야 한다. 그리고 양국 간의 청소년교류도 확대하여야 한다. 이것은 서로의 만남은 대방의 문화를 터득하고 서로의 오해를 해소하는 중요한 계기이기 때문이다. 또 중요한 것은 도덕과 소질 교육을 강화하여 네티즌들의 소질을 높이고 참다운 인터넷문화 정립에 신경을 써야 한다.

# F4 비자 신청에서 느낀 불합리성

    한국 정부는 중국 조선족에게 동포비자 F4 자격을 확대 부여함에 따라 조선족 대학졸업생도 그 발급대상으로 되었다. 이것은 조선족 젊은 지식인들이 한국과의 활발한 교류와 한국에 대한 이해를 돕는데 아주 유리한 처사라고 본다. 그리고 미래지향적이고 인심 얻는 이러한 정책들을 차질 없이 추진한다면 중국 조선족의 한국에 대한 애착도 더 깊이 심어 줄 수가 있다.

    하지만 현실은 위와 같은 기대를 많이 저락시키고 있다. 그 원인은 F4 비자 신청 과정에 존재하는 중복적이고 불합리적인 요구사항들 때문이다.

    그 하나는 요구 서류 가운데 신분증, 호구책, 대학졸업증과 학위증서, 교육부의 학위증서 전자등록표 이외 출신학교의 졸업증명서까지 첨부해야 한다는 규정인바 어째보면 졸업증, 학위증과 교육부의 학위증서 전자등록표 등 서류로 얼마든지 대학졸업 신분을 증명할 수 있다. 이 반면에 학교에 가 졸업증명서를 떼어 오는 것은 사실 아주 번거로운 일이다. 이것은 허위를 막자고 규정한 것이라고 보는데 가령 위의 각 증서를 가짜로 만든다면 졸업증명서 같은 것은 더욱 쉽게 조작할 수 있지 않는가?

두 번째 신분증 원본 제출을 요구하는데 사실 중국에서도 현재는 은행에 가도, 항공티켓/기차표 구매에도, 출장과 관광에도, 심지어 북경 같은 경우 전철 등에서도 가끔 검문하는 등 신분증이 수시로 소요된다. 하지만 신분증 원본을 비자신청에 동시 제출하여야 한다는 규정은 비자 신청 기간에 신청인의 많은 활동을 제한할 수밖에 없다. 사실 호구책 원본과 신분증 복사본만 있어도 신분을 완전히 확인할 수 있지 않는가?

세 번째는 여행사의 비자 신청 대행은 편리한 점도 있지만 신분증, 호구책, 졸업증과 학위증 등 중요한 신분증빙 증서를 모두 대행여행사에 맡기는 것은 아주 무리라고 본다. 왜냐하면 증서의 소실 우려도 있지만 타용 또는 도용의 우려가(특히 신분증) 더 많기 때문이다. 따라서 F4 비자만은 본인이 직접 영사부에 제출하는 것이 적당하다고 본다.

위에서 말한 바와 같이 F4 비자를 조선족 대학졸업생에게 부여하는 것은 아주 뜻 있는 일이다. 하지만 관련 사무 처리 과정을 보면 많이 번거롭고 까다로운 감을 주기도 한다. 이러한 처사를 역설적으로 말한다면 F4 비자 신청이 아주 번거롭고 까다로우니 신청하지 말아다오라는 뜻으로 해석할 수도 있지 않는가? 어떻게 보면 이 속에는 불신임과 기본인권 무시의 혐의도 없지 않다.

그럼 왜 이러한 문제들이 생길까? 생각해 보면 그것은 해당 당국 및 직원들의 심저에 스며있는 F4 비자는 중국 조선족에게 혜택을 베푸는 것이니까 아무렇게 요구하여도 된다는 의식 및 안일한 생각에서 기인되지 않는가 한다. 그리고 중국 조선족이 소위 "동포정서"에 젖어 한국을 너무 기대하는 데서 오는 결과가 아닌가고도 생각해 본다.

저 같은 경우 아이 본 자신은 이미 한국에 가 본적도 있고 현재는 일본유학중이어서 F4 비자가 꼭 필요하다고 생각하지 않는데 저가 나서서 F4 비자 수속을 해 주려고 하는 것은 아이가 기회 있는 대로 할아버지 고향에 가 보기도 하고 한국 문화를 이해하며 한국에 대한 애착심도 좀 가졌으면 하는 바람에서이다. 하지만 유감스럽게도 이번 비자 신청 과정은 나의 이러한 바람에 동조해 주지 않았다. 아마 비자 신청 과정에서 불만은 있으나 저처럼 이렇게 공개적으로 불만을 토로하는 사람은 아직 많지 않을 것이라고 생각한다. 사실 나도 아이의 동포비자신청을 위하여 요구서류를 다 마련하였고 대행여행사에 해당 증서원본을 다 맡겼지만 불쾌감과 실망감은 어찌 할 수 없었다.

끝으로 해당 당국에 제언하고 싶은 것은 인심을 베푼다 하여도 좋고 혜택을 부여한다고 하여도 좋으니 조선족 대학졸업생들에게 F4 비자 부여 정책을 이미 실시하였으면 신임감을 갖고 좀 편하게 신청할 수 있도록 배려해 주면 좋겠다. 그리고 해당 규정들을 내놓기 전에 여러 면에서 좀 더 심사숙고하고 임시방편으로 삼지 않았으면 한다.

2013.3.8.

# 조선족 농민과 토지 도급 경영권에 관하여

## 1. 날로 좋아지는 농촌 정책

중국 역사의 몇 천 년 흐름 속에 토지와 농민의 관계는 제일 중요한 사회생산 관계와 경제 관계라고 하겠다. 중국 역대 왕조들의 흥망성쇠는 거의 다 통치자들이 토지와 농민의 관계를 어떻게 처리하는가에 달려 있었다.

중국 공산당은 토지와 농민의 관계를 원활히 처리하려고 노력하여 왔다. 신 중국 건립과 더불어 농민들은 지주 계급의 압박과 착취를 벗어나 토지의 주인으로 되었다. 이것은 사회생산 관계의 중대한 변혁을 초래하였고 사회생산력을 추진하였다. 하지만 과거 "3급 소유, 생산대가 기초"인 농촌집체토지소유제는 농민들의 생산적극성을 저해하였다. 개혁개방 이후 농촌에서 실시한 "토지도급제"는 농민들의 생산적극성을 크게 자극하였고 농업생산력발전을 추진하였다.

이후 중국 정부는 항상 농촌, 농업, 농민 문제를 중요시하였으며 농업 발전과 농촌 실정에 따라 농촌 정책을 계속 조절하고 새로운 대책들을 마련하여 농민들의 생산과 생활 수준 제고에 주력하여 왔다. 농촌, 농업, 농민 등 "3농" 문제는 중국에서 제일 중요한 문제라고 볼 수 있다.

개혁개방 30여 년 간에 중국 정부는 농업, 농촌, 농민 문제를 둘러싸고 여러 중요한 정책을 제정하였고 중공중앙과 국무원의 각 년에 발표하는 문건 가운데 제1호 문건으로 농촌 문제 주제를 다룬 것만 해도 현재까지 16차례(1982-1986, 2004-2014)나 된다. 1호 문건은 당중앙과 국무원이 연초 처음으로 하달하는 중요 정책문건으로 각기 부동한 시기 "3농" 문제를 파악하고 농촌 발전과 농민들의 물질적 이익 보호에 심혈을 기울였다. 때문에 "1호 문건"은 지금에 와서 중공중앙이 농촌 문제를 중요시하는 전용명사로 되기도 하였다.

1982년 처음으로 발표한 중공중앙 "1호 문건"에서는 일부 농촌에 나타난 "토지도급" 현상을 긍정하면서 농촌개혁의 중대한 정책으로 토지 경영권을 농민들 개인에게 직접 부여하였다. 그후 일련의 "1호 문건"(1983- 1986년, 2004-2008년)은 농민들의 생산자주성과 경영자주권을 강조하고 농업에 대한 투자를 증가하며 농민들의 부담을 감소하는데 주력하였다.

2008년 10월에 개최된 중공중앙 제17기 3중 전체회의에서는 전문적으로 농촌 문제를 토론하고 '농촌개혁발전을 추진하는 약간의 중대한 문제에 관한 중공중앙의 결정'를 체결하여 농촌 발전 문제를 깊이 다루었고 농촌의 기본 경영 제도의 안정과 개선을 강조하고 농민들에게 더욱 충분하고 보장적인 토지 도급 경영권을 부여하여 현재의 토지 도급 관계의 안정을 유지하고 장구불변한다는 원칙을 강조하였으며 농업경영 방식을 전환하고 농민들의 연합과 합작으로 조직화수준을 높이며 전문적인 합작사의 발전을 부축한다고 강조하였다.

이후에도 해마다 3농 문제에 관한 "1호 문건"을 발표하였으며 2013년 1호 문건에서는 토지를 전업농호, 가정농장, 농민합작사에 유전하는 것을 권장하고 지지한다고 지적하였다. 그리고 "가정농장" 개념은 이번 "1호 문건"에서 처음으로 거론되었다.

특히 얼마 전에 개최한(2013년 11월 12일) 중공중앙 제18기 3중전체회의에서 통과한 <전면적인 개혁을 심화하는 약간의 중대한 문제에 관한 중공중앙의 결정>은 중국 개혁 발전의 새로운 여정을 시작하는 계기로 되었으며 농촌개혁발전의 새 장을 열고자 하였다. "3농" 문제를 근본적으로 해결하기 위하여 제18기 3중 전체회의에서는 도농 이원 구조 해결에 입각하여 일련의 농촌 토지 제도 개혁을 심화하는 조치를 제출하였다.

"3농"문제는 중국 미래와도 관련이 있는 아주 중요한 문제로 <결정>은 농업의 발전, 농촌의 진보와 농민의 행복을 둘러싸고 일련의 개혁 조치를 제출하였으며 이 가운데 농촌 토지 개혁이 가장 주목할 만한 일이다. <결정>에서 두 가지가 농촌 집체 토지 제도 개혁과 직접 관련 있는 바 하나는 도농 통일의 건설용 토지를 확립하고 또 하나는 농촌 토지의 집체소유권을 견지하고 농민들에게 도급토지의 유전 권한을 부여하는 것이었다.

<결정>에서는 "통일적인 도농건설용 토지 시장을 만들고 기획과 용도제한에 부합되는 전제하에 농촌 집체 경영성 건설 용지의 양도, 임

대, 주식가입에 허락하며 국유 토지와 동등하게 입시하고 동등한 권한과 가격을 실행한다"고 명확히 지적하였고 "엄격한 경지 보호 제도를 견지하고 완벽하게 하는 전제 하에서 농민들에게 도급 토지의 점유, 사용, 수익, 유전 및 도급경영권의 저당, 담보권한을 부여하고 농민들이 도급경영권으로 주식에 가입하여 농업 산업화 경영을 발전하는 것을 허락하다"고 명확히 지적하였다.

<결정>에서 도농 이원 구조는 도농 일체화 발전을 저해하는 주요한 장애라고 지적하고 광대한 농민들로 하여금 현대화 과정에 평등하게 참여하고 현대화 성과를 공동 향수하도록 한다고 강조하였다. 이것은 <결정>에서 명확히 지적한 바와 같이 "농민들에게 더 많은 재산 권리를 부여하다"는 것이다.

이 가운데 가장 주목되는 것이 바로 농촌 토지 개혁을 통하여 농민들의 토지 경영권을 더욱 확실히 하는 한편 토지의 유전을 제도화함으로 농민들의 수익 확대를 기대하고 또 토지 경영의 집약성, 전문성, 효율성을 도모하는 현대화 농업으로 발전시키는 것이다.

과거 농민들은 토지 경작과 노무를 통하여 얻은 수입밖에 없으며 현대화성과를 충분히 향수하지 못 하였다. 18기 3중 전체회의 <결정>에서 제출한 "농민들에게 더 많은 재산 권리를 부여한다"는 것은 도농 일체화 과정을 추진하는 가운데 농민들에게 더 많은 재산권을 부여한다는 것으로 이는 농민들의 경작지와 주택기지를 보증하는 기초 상에서 기타 수익도 보증할 수 있는 재산 권리를 강조하는 것이다.

다시 말하면 더 많은 재산 권리 부여는 토지 경영권의 양도, 저당, 임대 등을 통한 토지 유전 권리라고 볼 수 있다. 농민들이 토지 도급 경영 권을 확정하고 이를 양도, 임대, 저당, 담보 등을 통하여 수익을 증가하는 재산 권리 이외 주택 기지의 저당, 양도 등에서 재산성 수입도 가질 수 있는 권리 등이다.

이것은 농민들이 토지 유전 가운데서 토지 도급 경영권을 확립하고 토지 도급 경영권과 농촌 집체 경제 권리를 통하여 재산성 수입을 더 많이 향수할 수 있도록 하는 것이다. 그리고 농민들이 농촌에서 생산을 진행하는데 많은 재산 권리를 부여할 뿐만 아니라 이미 도시에 들어온 농민들에게도 더 많은 재산 권리를 부여하는 것이다.

결과적으로 농민들의 재산 권리 확대는 원래 모호하고 명확하지 않는 권리를 확정하고 원래 없던 권리를 새롭게 인정하며 원래 약한 권리를 강화하여 농민들의 재산 권리로 하여금 더욱 보장이 되도록 하는 것이다.

농민들의 토지 경영권 확립과 유전은 밀접한 관계를 갖고 있다. 토지 경영권을 확립하여야 아무리 유전되어도 소실될 염려가 없고 토지 경영권이 유전되어야 토지 이용 가치가 더 확대되어 농민들이 더 많은 이득을 볼 수 있는 것이다. 그리고 토지 유전은 많은 농민들을 토지에서 해방시켜 마음 놓고 제3산업 등에 종사할 수 있게 함으로 도농 일체화 걸음을 다그친다는데도 아주 의미가 있는 것이다.

17기 3중 전회에서 토지 경영권 확립을 중점에 두었으면 18기 3중 전회에서는 토지 경영권 유전에 중점을 두었다고 할 수 있다.

토지 "유전"이란 농민들이 도급받은 토지 경영권의 양도로 도급권은 본인이 갖고 단지 경영권을 이양하는 것이다.

토지 유전이란 어떻게 보면 토지의 시장화를 의미하기도 한다. 그리고 시장은 사용가치, 가격과 밀접히 연결돼 있다. 농민들에게 양도, 저당, 담보 및 주식가입 등 형식으로 도급 받은 토지 경영권을 유전할 수 있다는 권한 부여는 농민들이 시장을 통하여 토지의 부가가치를 더욱 확대하고 토지사용을 활성화시킴으로 더 높은 수익을 기대할 수 있으며 사회적으로는 토지사용의 효율을 높일 수도 있다.

위에서 보다시피 이번 농촌 토지 제도 개혁의 관건적인 요소는 토지의 유전이다. 때문에 중요한 것은 토지에 대한 권리를 명확히 하고 증서를 발급하는 것으로 농민들이 도급 경영하는 토지의 장기 불변한 정책을 낙실하고 농민들의 주택기지와 가옥의 점유, 사용, 수익, 유전, 저당, 담보 등 권한을 낙실함으로 농민들의 토지 권익을 보장하는 것이다. 이것으로 자신이 경영하는 토지를 유전한 농민들이 다시 신경을 쓰지 않아도 되며 마음 놓고 다른 곳에서 다른 경영을 할 수 있을 뿐만 아니라 또 "토지 유전"에서 생기는 안정적인 수익도 챙길 수 있게 되는 것이다.

현재 토지 경영권 확립과 유전으로 시작되는 농촌의 2차 토지개혁은 또 다시 도농 사회생산력을 해방하고 도농발전의 활력을 발산하여 발전 성과의 혜택이 농촌과 농민들에게 더욱 많이 더욱 공평하게 돌아가도록 할 것이다.

## 2. 토지와 조선족 농민

과거 조선족은 농업 민족이었다. 농민에게 땅은 제일 소중한 존재이다.

지금으로부터 백여 년 전 조선족 선조들은 인적이 드문 중국 동북땅에 발을 붙이고 황무지를 개간하기 시작하였다. 당시 그들의 이동은 압록강, 두만강을 넘나들면서 화전을 일구어 호구양가(糊口養家)의 방편으로 시작하였고 후에는 떼를 지어 중국땅에 이주, 정착하게 되었다.

그들은 원래 황무지였던 동북지역을 비옥한 농토로 만들고 그 추운 동북지역에 벼농사를 성공적으로 시작하고 보급하였다. 통계에 의하면 1920년대 길림성의 연변 지역과 길림 지역의 수전 100%, 통화 지역의 85%가 모두 조선족들이 경작하였고 흑룡강성 수전의 100%, 요녕성 개원 지역의 90%, 홍경 지역과 심양 지역의 85%, 무순 지역의 80%과 단동 지역의 70% 수전은 모두 조선족이 개발하고 경작하였다고 한다. 1930년대 초기에 전 동북지역 인구의 3%밖에 되지 않는 조선족의 벼농사는 당시 동북의 전체 벼생산량의 90.1% 차지하였다.

동북지역에 벼농사가 보급되고 발전됨에 따라 예전의 밭농사에 사용하지 못하던 진펄 등이 수전경작과 더불어 옥토로 개간되었고 토지 경작율도 크게 높혔다. 이와 같이 조선족은 중국 북방지역의 유일한 '벼재배민족'으로 중국 북방의 벼재배 역사에 빛나는 한 페이지를 남기였다.

봉건 압박과 제국주의 침략 시기 조선족 선인들이 고국에서 가난과 봉건핍박에 의해 국경을 넘어 바람거친 만주땅을 밟았을 때 아무것도 없었다. 만주에서 황무지를 개간하여 옥토로 만들고 벼농사의 선두자로 되였지만 자기 땅은 여전히 없었고, 이 곳에서 줄곧 피어린 항일 운동을 진행하였지만 정치적으로도 위치가 없었다. 그들은 자기가 개간한 땅에서 소작농을 하면서 땅 가진 자들의 압박과 착취를 받지 않으면 안되었다. 때문에 자기가 개간한 땅의 주인됨은 오매에도 잊지 못 하던 염원이었다.

1945년 동북 해방 이후 조선족은 토지개혁을 통해 땅을 분배받았고 토지소유권을 취득하였다. 토지개혁에서 연변지역 9만여 가구의 조선족 농민들은 12만여 헥타르의 땅을 분배받았고 흑룡강성 원 송강 지역의 4만여 가구의 조선족 농민들은 5만여 헥타르의 수전을 분배받았다. 조선족에게 있어서 토지 문제의 해결은 특수한 의의를 가진다. 다시 말하면 토지소유권의 획득은 조선족이 중국에서 토지의 주인으로 인정되었음을 의미할 뿐만 아니라, 중국에서 조선족의 위치가 정립되었다는 것을 의미한다.

사실 토지개혁 때 중국공산당 동북국 내부에서 조선농민에게 토지를 나누어 주야하나 주지 말아야 하는 문제를 갖고 고민을 한 것도 사실이었다. 그것은 그때 당시 국적문제를 명확히 하지 않았기 때문이다. 하지만 중공동북국에서는 조선족의 동북개발, 신민주주의혁명투쟁 참여 등 특수상황에 근거하여 조선족을 인정하고 토지를 배분에 주었다. 어떻게 보면 토지소유권 부여는 조선족이 중국다민족국가의 한 성원으로 자리매김한 중요한 계기가 되었다고도 볼 수 있다.

조선족은 중국에서 정치적 위치를 인정받고 경제적으로 토지의 주인이 되었다. 땅을 분배받은 조선족 농민들은 이전에 땅이 없어서 받은 설움과 땅의 주인으로 된 행복을 대조하면서 공산당의 올바른 정책을 찬양하였고 더 없는 열정과 책임으로 새 중국 건설과 사회주의혁명에 참가하였다.

땅은 인간 생활의 터전이고 우리에게 의식주의 원천을 제공하고 있다. 때문에 땅은 인류 사회의 공동한 재산이기도 하였다. 하지만 선조들이 우리에게 남겨 준 땅은 또한 민족의 특수한 내용이 포함되어 있다.

첫째, 이 땅은 우리 민족의 애환이 잠겨있는 곳이었고 또 대대로 삶을 지켜온 증인이기도 하였다. 조선족선조들이 부득불 고향산천을 등지고 중국 동북지역에 올 때 그들을 맞아준 것은 풀초 우거진 황막한 산야와 비적들의 약탈 그리고 현지관리의 억압이었다. 이러한 역경에도 불구하고 우리 선조들은 이곳에 자리 잡고 수세대를 이어왔다. 다시 말하면 이 곳은 우리 선조들의 피와 땀이 새겨있는 민족 역사의 장이었다.

둘째, 동북 지역은 우리 민족의 생활 터전으로 자리매김을 하였다. 우리 선조들은 처음 강을 건너 중국 동북지역으로 향하였을 때 거의 빈손이나 다름없었다. 하지만 그들은 모든 어려움을 물리치고 황무지를 비옥한 논밭으로 개척하였으며 그것이 현재 조선족의 생활터전으로 민족적 생활을 영위하는 무대로 되었다.

셋째, 이 땅은 우리가 민족 문화를 유지할 수 있는 장소였다. 우리 선조들이 이 땅을 개척하면서 민족 성원들이 모여 사는 마을을 형성하였기에 민족 교육을 진행할 수 있는 장소가 있었고 민족 문화를 고스란히 지킬 수가 있었다.

이렇게 선조들이 개척한 땅은 우리에게 너무나도 많은 것을 남기였다. 이 땅은 우리에게 생존에 필요한 의식주를 제공하였을 뿐만 아니라 민족 교육을 진행할 수 있는 장소를 조성하였으며 민족 문화를 고스란히 지킬 수 있는 근저로 되었다. 중화인민공화국건립 이래 조선족 농촌의 경제 생활이 주위 기타 민족보다 더 풍요롭고 민족 교육 보급 수준이 기타 민족보다 높은 하나의 중요한 원인이 바로 우리는 조상들이 개척한 땅에 모여서 수전 농사를 하면서 살아왔기 때문이었다.

## 3. 토지 경영권 확정과 활용에 관하여

개혁개방의 흐름 속에 조선족 농촌도 몰라보게 변화되었고 도시 진출, 국외 진출 등 인구 이동원인으로 농촌 인구 감소와 토지 양도 문제가 아주 돌출하게 대두되었다. 인구 이동으로 조선족촌 책임자 선출마저 힘들어졌고 타촌, 타 지역 한족들이 조선족촌 토지를 임대한 경우가 부지기수이다. 어떤 농민들은 외지에 간다고 또는 돌아오지 않는다고 토지를 소홀히 하였고 또 어떤 농민들은 일시 목돈을 위해 일차적으로 토지를 한족에게 장기간 양도하기도 하였다. 심지어 어떤 농민은 토지 양도계약서에 소위 "영원"이란 글도 서슴치 않았다. 그들은 땅이 소중함에도 불구하고 너무 쉽게 땅을 포기하거나 또는 다른 민족들에게 양도하였다. 이 결과 수많은 조선족 농촌 마을의 절반이상의 토지가 기타 민족들에게 의해 경작되고 있으며 농토뿐만 아니라 마을도 점차 한족 마을로 변모되어 가고 있다.

어떻게 보면 현재 조선족 농촌은 이미 많은 변화를 가져 왔다. 농촌 인구의 3분의 2이상이 농촌을 떠나 도시로, 국외로 나갔다. 조선족 인구의 도시화 비율도 거의 70%에 달한다. 조선족 사회의 도시화 수준, 도시 생활 인구 비중 등은 이미 중국 그 어떤 민족보다 앞섰다. 하지만 기대해야 할 가정 농장, 농장주가 아직 많이 나타나지 않았고 규모화 경영의 현대농업 등과는 거리가 아직 많이 떨어져 있다. 그리고 조선족 농촌은 날로 황폐해 가고 있는 것이 오늘의 현실이다.

얼마 전(2013년11월말) 흑룡강성 조선족 농촌에 대한 현지조사에서 얻은 숫자 하나만 실례로 들자. 흑룡강성 230개 조선족 마을 상황을 보면 조선족 인구 186,471명 가운데 외지에 나간 사람이 131,324명으로 전체수의 70.4% 차지하며 촌에 남은 사람 수는 65,263명 밖에 되지 않는다. 토지를 보면 조선족들이 소유한 면적 124.2만무 가운데 조선족 자신이 경작하는 면적은 30.6만무로 전체 면적의 24.6% 밖에 되지 않았다. 반면에 임대 면적이 85.8만무로 전체 면적의 69.1%나 차지하였으며 매매한 면적도 7.2만무로 5.8% 차지하였다. 보는 바와 같이 조선족 농민들이 양도하고 매매한 토지가 거의 전체 토지 면적의 75% 차지하였다. 가옥 상황을 보아도 조선족 가옥 26,495채 가운데 자가용 가옥은 10,174채로 전체 가옥수의 38.3%이고 한족들에게 판 가옥수가 5,338채로 전체 가옥수의 20.1% 차지하였다.

위의 실례에서 우리는 조선족 농촌 문제의 심각성을 감안할 수 있을 것이다. 1990년대 이후 조선족 농민들은 분분히 농촌을 떠나 도시와 국외로 진출하였다. 농민들이 더 윤활한 생활을 추구하려고 농촌을 떠나는 것까지는 나무랄 것 없다. 이것은 개혁개방 정책의 혜택이었고 인간의 정상적인 추구라고 할 수 있다. 문제는 우리의 농민들은 선조들이 개척한 땅, 자기가 다루었든 땅을 너무 소홀히 대한 것이다.

때문에 조선족 농촌에 어떻게 활기를 부여하고 어떻게 농촌 정책과 도농일체화 정책을 잘 활용하여 조선족 농촌도 살고 조선족 농민들의 도시적응도 더 잘 될 수 있는 길을 모색하는 것이 우리 앞에 놓인 중대한 과제가 아닐 수 없다.

그럼 현재 조선족 농촌 문제에서 응당 해결해야 할일은 무엇인가?

먼저 우리는 중국 정부의 농촌 토지 정책에 의하여 도급 받은 토지 경영권을 확실히 하고 유전에서 소실되는 것을 막아야 한다.

개혁개방 초기 토지 도급 정책을 실시한지 얼마 되지 않아 1984년 중공중앙 "1호 문건"에서는 농민들의 토지 사용 기한을 15년으로 규정하였으며 10년 후인 1993년에는 30년으로 규정하였다. 이러한 정책이 2008년 10월 중공중앙 제17기 3중 전체회의에서는 "장구 불변"이라고 하였다. 이것은 농민들이 도급 받은 땅은 거의 대를 이어 경영할 수 있다는 정책이다. 그리고 이번 제18기 3중 전체회의에서 토지 경영권 확립을 다시 강조하는 한편 농촌토지의 유전을 권장하였다.

때문에 이 시점에 와서 자기의 경작지 면적을 정확히 측정하고 권익을 보장하여야 한다. 따라서 외지에 나간 조선족 농민들은 지금 빨리 서둘러 도급 받은 토지의 경계선과 면적을 더욱 명확히 하고 새로운 농촌 토지 정책에 근거하여 양도 또는 임대 계약을 규범화하여 자신의 토지 경영권을 확실하게 하는 것이다. 만약 현재 정책에 의하여 명확히 해놓지 않으면 일정한 시간이 지나서, 특히 1-2 세대가 지나가면 누구도 확실치 못하기 때문이다.

다음에는 과거의 잘못된 계약 등을 고치는 문제이다. 우리 농민들이 일시적 필요 또는 타 지역 진출로 토지를 소홀히 양도한 경우가 많다. 현재 정책을 보면 과거 어떤 방식으로 토지를 양도했던지를 막론하고 본인 이름으로 된 도급경영권을 되찾을 수 있다. 때문에 먼저 국가에서 제정한 농촌 정책을 참답게 이해하고 "법에 따라 농민들의 토지 점유, 사용, 수익 등 권리를 보장하고", "농촌토지에 대한 권리확정, 등록, 증서 발급 제도를 참답게 해야 하다"는 정책에 근거하여 정부의 도급경영권확정사업을 적극적으로 활용하여 과거 잘못된 계약 등을 새롭게 고쳐야 한다. 그리고 민족집거지 농촌의 토지는 우리 선조들이 피땀으로 개척한 것으로 민족의 기반이라고 할 수 있다. 이러한 땅을 무분별하게 타 민족에 양도할 경우 시간이 흘러가면서 소실될 가능성이 많다. 때문에 토지양도에서 본 마을, 본 민족에게 우선적으로 양도하고 될 수록 타 민족에게는 양도하지 말아야 후환이 없을 것이다.

세 번째는 토지 경영권 활성화에 신경을 써야 한다. 제18기 3중 전체회의 <결정>에서 제정한 농촌 토지 정책의 중요한 내용이 토지 경영권의 활성화이다. 즉 농민들이 토지 경영권을 중도 이전, 임대, 양도, 주식합작 등 형식으로 유전할 수 있다는 것이다. 이것은 토지 경영권의 유전을 권장하고 활성화를 제창하는 것이다. 여기에는 토지 경영권을 양도할 수 있을 뿐만 아니라 전문적인 농업합작사 형식으로 토지에 대한 규모 경영을 할 수 있고 토지를 주식화하여 수익 분배에 참여할 수도 있는 등 여러 방법이 있다. 우리 농민들은 토지 경영권의 유전을 빌어 더 큰 수익을 기대할 수 있기 때문에 토지 경영권 활성화에 더 많은 신경을 써야 한다.

네 번째는 가능하면 토지 경영권 확대에 신경을 써야 할 것이다. 중국의 농촌 정책은 갈수록 농민들에게 더 많은 혜택을 가고 토지 사용권도 더욱 확대되리라고 믿는다. 때문에 우리는 현재 차례진 토지 경영권을 소중히 여길 뿐만 아니라 미래를 대비하여 힘이 닿는 대로 토지 경영권을 확대하는 것도 중요하다. 그리고 우리 농민들은 자신이 농장주가 되고 목장주가 되는 꿈도 있어야 할 것이다.

다섯 번째, 우리는 새 농촌건설과 토지 유전 권한을 빌어 농촌에 흩어져 있는 조선족 농민들을 한 곳에 집중하는 집중촌 건설에 힘을 기울려야 한다. 이것은 민족 교육진행과 민족 문화 전승에도 아주 유리하고 경작지의 규모화, 전문화 경영을 하여 토지가치증대를 도모하는데도 유리한 것이다.

현재 중국의 농촌 토지 정책을 보면 농민 매 개인에게 토지 사용에 대한 권리를 더 부여하는 추세이다. 따라서 토지를 점유하고 있는 자의 권리는 더욱 확대되고 토지를 잃은 사람은 "지주"에서 "소작농"으로 윤락되는 것과 마찬가지이다. 우리가 토지를 잃으면 역시 이러한 운명 피면하기 어려울 것이다. 결론적으로 조선족 농촌 토지는 우리의 중요한 자산이고 땅을 잃을 경우 우리의 설자리가 좁아진다. 때문에 이러한 땅을 우리는 소중히 여기고 튼튼히 지켜야 한다.

주간 『흑룡강신문』, 2014.1.4.

# "조선족"이냐, "재중동포"냐?
## —나도 한마디

　요즘 한국 내에서 중국 조선족을 "조선족"인가, "재중동포"인가를 갖고 많이 의론되고 있는 것 같다. 이것은 보기에는 명칭 차이지만 사실은 중국 조선족을 어떻게 보는 것과 연관이 된다.

　한국적 시각에서 보면 중국 조선족을 해외 동포의 한 부분으로 "재중동포"라 부르는 것은 일본의 "재일동포"나 미국의 "재미동포"를 부르는 것처럼 같은 차원이라고 할 수 있다. 하지만 이것은 어디까지나 한국적 시각에 불과하다. 사실은 위의 각자가 처한 배경과 위치가 많이 다름으로 그들을 같은 차원에서 볼 수 없다.

　조선족은 이미 법적으로 인정받은 중국 다민족국가의 한 성원이다. 정치적으로 보면 조선족은 민족의 자치 지역이 있고 각 급 정부기관에는 조선족 관료가 있다. 문화적으로 보면 중국에는 정부 관할의 조선족 학교, 조선족 문화관 등이 있고 여러 대학과 연구기관에는 조선족 교수, 연구원들이 많이 있다. 이러한 사실들은 중국에서 조선족은 자기 특징을 갖은 하나의 민족공동체로 "조선족"이란 명칭은 이미 특유의 고정된 개념으로 되었다는 것을 말한다. 때문에 그 누가 승인을 하든 안하든 "조선족"의 존재는 엄연한 사실이다.

따라서 "조선족"이냐, "재중동포"냐 하는 것을 갖고 논의하는 것은 하등의 의미도 없는 것이라고 본다. 그리고 한국적 시각에서 일반인들이 조선족을 "재중동포"라고 부르는 것은 무방하겠지만 정계, 학계에서까지 "조선족"이냐, "재중동포"냐 하면서 "조선족" 명칭을 무시하는 것은 중국 조선족의 객관성을 무시하는 것과 다를바 없다. 따라서 이러한 타당성이 없는 언행은 권장할 바가 못 된다.

『조글로』, 2014.4.19.
http://www.zoglo.net/blog/read/zhengxinzhe/201424/0/0

# 돈도 벌고 땅도 지키자

중국의 개혁개방과 시장경제체제, 그리고 한중수교 및 활발한 교류는 우리 조선족에게 많은 기회를 주었다. 날로 활성화되어가고 있는 시장경제체제와 민족이 갖고 있는 높은 진취성, 적응성, 소질성 등은 조선족으로 하여금 원래의 전통적인 농업생산에서 상공업으로, 농촌생활에서 도시생활으로, 농민신분에서 시민신분으로 재빨리 전환하는 추진력이 되었다. 또 한중수교와 양자의 밀접한 관계는 조선족들의 한국과의 교류와 한국 진출을 다그치는 계기로 되었다.

이러한 결과 원래 농업 위주인 우리 조선족은 농촌과 토지를 떠나 재빨리 시장 경제 흐름 속에 합류하게 되었으며 중국에서 도시화 과정이 제일 빠르고 도시화 수준이 제일 높으며 국외 진출이 제일 많은 민족으로 부상되었다. 따라서 조선족 사회의 경제 생활은 전에 없이 활발한 양상을 보였고 농민들도 전에 생각지도 못한 목돈을 벌 수가 있었으며 그들의 생활 수준도 한층 더 높아졌다. 어떻게 보면 조선족 사회는 여러 면에서 기타 민족들이 부러워할 정도로 잘 나아가고 있다고 할 수 있다.

하지만 민족 사회의 현황을 보면 딱 긍정적인 것만은 아니었다. 빠른 도시화 과정으로 농촌이 폐쇄되고 민족 교육이 축소되고 민족 문화가 약화되는 등 현상을 안타깝게 지켜보고 있는 민족 성원들도 많이 있겠지만 여기서 거론하고 싶은 것은 역시 우리 민족에게 가장 소중한 땅 문제이다.

과거 우리 선조들이 개척한 동북의 농촌과 수전 땅은 민족의 삶의 터전이었다. 과거 땅은 양가호구의 중요한 내원일뿐만 아니라 개혁개방 이전 조선족 농민들이 주위 기타 민족농민들보다 더 풍요로운 생활을 영위할 수 있는 중요한 원천이기도 하였다. 그리고 민족 교육과 민족 문화를 전승하는 중요한 기지로도 역할하였다.

우리 민족에게 이렇게 소중한 땅이 현재 울고 있다. 왜냐하면 우리 농민들이 땅을 너무나도 등한시 하고 있기 때문이다. 우리 농민들은 장사 또는 출국에 소요한 목돈마련 때문에 땅을 쉽게 양도하기도 하였고 도시 진출한다고 땅을 쉽게 양도하기도 하였다. 양도하는데 까지는 그래도 괜찮다고 본다. 중요한 것은 한족에게 섣불리 양도한 처사라고 하겠다. 단적인 예로 현재 흑룡강성 오상시 23개 조선족촌의 경작지 35.7 만여 무 가운데 조선족 농민들이 경작하는 땅은 4.7만여 무로 전체 면적의 13.3% 밖에 되지 않는다. 이 결과 많은 조선족촌이 한족촌으로 변모되어가고 있으며 만약 이대로 간다면 땅도 한족들에게 넘어가지 않는다고 누가 장담할 수 있겠는가!

때마침 중국공산당 제 18기 3중 회의에서 농촌 토지 도급 경영권 확립을 강화하는 정책을 제정하였으며 농촌 토지 도급 경영권 이 "장기불변"한다는 방침 하에 새롭게 토지 도급 경영권을 확립하는 사업을 진행하고 있다. 여기서 중요한 것은 농민들의 도급 맡은 토지에 대한 명확한 측량과 권리확보이다. 우리는 이 기회에 해당 정책을 잘 요해하고 도급 맡은 토지에 대한 측량, 권리확보에 관심을 갖고 적극적으로 이번 "토지확권"에 참여하여 자신의 권리를 확고히 하며 <토지증> 발급에까지 게을리하지 말아야 할 것이다.

이번 "토지확권"을 통해 <토지증>을 갖게 된다면 농민들이 각종 토지 유전에서 토지 도급 경영권 소실을 방지할 수 있을 뿐만 아니라 "토지"가 농민들의 "재산"으로 "토지"를 통하여 재산성 수입을 얻을 수도 있다. 어떻게 보면 <토지증>은 <집문서>와 같이 중요한 재산증명이기도 하다. 이러한 재산증명은 농촌에 있든, 도시에 가든, 출국을 하든 어디에 있어도 변함이 없는 것은 뚜렷한 바이다.

따라서 조선족 농민들이 토지 "재산권"을 확보하기 위해 토지 도급 경영권 확립과 증서발급에 적극 참여하는 것은 밖에 나가 돈을 벌면서 땅도 지키는 아주 중요한 고리라고 볼 수 있다. 우리는 이러한 기회를 절대 놓쳐서는 안 된다.

(한국)차이나뉴스, 2014.11.21.

# 한반도 통일과 중국 조선족의 역할

## 1. 통일을 어떻게 볼 것인가?

현재 세계상에서 동일 민족이 아직 서로 등지고 통일을 이루지 못한 지역은 한반도밖에 없을 것이다. 국토가 분단되고 동일 민족이 갈라져 있는 한 통일 문제는 계속 거론될 것이다. 하지만 통일을 어떻게 실현하고 어느 때 실현할 수 있을 것인가에 대하여서는 각자 나름이라고 할 수 있다.

한반도가 통일해야 한다는 점은 남북한정부 모두 다른 바가 없지만 통일을 어떻게 해야 하는가에 대하여서는 남북한 입지가 서로 다르기 때문에 그 주장과 이해가 다를 수 밖에 없다.

돌이켜 보면 한반도 분단은 주변 대국의 세력 분할이었고 세계냉전 체제의 산물이라고 할 수 있다. 1980-90년대 냉전체제가 완화되면서 한국인들의 한반도 통일에 대한 기대감이 많이 부풀어졌다. 예컨대 한중 수교 이후 수많은 한국인들이 중국을 다녀갔다. 필자도 그때 한국학자 들과 많이 만났으며 만나는 장소마다 한반도통일에 대한 화제가 많이 거론되었다. 그때 만났던 한국인 대부분이 통일에 대하여 아주 낙관적이고 빨리 될 것처럼 여기는 인상을 주었다.

하지만 당시 본인의 소견은 약간 달랐다. 그 요점은 통일은 우리 모두의 염원이나 분단이 주변대국의 조종 하에 되었고 통일의 주체, 방법 등 면에서 남북한의 대결이 존재하며, 남북한의 거주민 사이 민족적 동질성보다 이질성이 더 심할 수도 있는 여건 등을 고려해 볼 때 통일이 그리 쉽게 이루어질 수 없을 것이다. 그리고 형식적으로 통일이 되더라도 많은 갈등과 어려움이 뒤따르기 때문에 시간적으로 좀 늦어도 서로 이해하고 포용력을 일정한 정도 갖춘 다음 통일을 실현하는 것이 더 바람직하다고 하였다. 20여 년이 지난 지금에 와서 남북한 관계는 진전과 퇴보를 반복적으로 하는 양상을 면치 못 하는 것을 보면 위의 판단을 틀리다고 볼 수 없다.

때문에 본인은 현재도 시공적인 통일을 너무 서둘지 말고 통일을 위한 사전준비에 더 많은 신경을 써야한다고 생각한다. 물론 돌발적인 변수가 있어 통일이 예상보다 빨리 될 가능성을 완전히 배제하지 않더라도 이에 따른 엄청 큰 부작용을 감당할 용기도 있어야 할 것이다. 이 시점에서 현재 박근혜 대통령의 대북정책에서 서로 대화하고, 약속을 지키며, 호혜적으로 교류, 협력하는 과정을 통해 점진적으로 신뢰를 쌓아 통일기반을 구성하는 "한반도 신뢰프로세스"가 그래도 국제정세와 남북한 현실을 잘 파악하고 내 온 정책이 아닌가 싶다.

그러면 통일을 위하여 어떤 준비가 있어야 하는가? 물론 각자 정부 측의 해당정책 변화와 전환, 상대방 존중과 경상적인 교류 그리고 양국민들의 통일 대비의 각종 준비 등도 중요하겠지만 이 모두가 아직은 기대하기가 어려운 상황 하에 더욱 시급한 것은 서로의 이해를 돕기 위하여 만남의 장소, 교류의 장소 등을 많이 마련하는 것이 중요한 일이다. 그리고 이 역할담당에 재외동포들이 딱 맞춤할 것이다.


## 2. 통일을 위한 재외동포의 역할

현재 700만 명의 재외동포가 있다고 하며 이는 남북한 인구의 10분 1를 차지한다. 지난날 재외동포들이 어떻게 한반도를 떠나 세계 여러 지역에 나갔던지 간에 그들 모두 고국의 발전을 기원하고 통일을 염원하는 마음은 한결 같다. 그리고 그들은 거주국과 고국 사이의 관계향상을 위하여 많은 일을 하여 왔다. 때문에 재외동포는 고국의 아주 중요하고 귀중한 자산인 것이다.

특히 통일을 추진하는 일에 있어서 재외동포에게는 남북한이 대체할 수 없는 역할을 할 수 있다. 아시다시피 현재 남북한 사이 각 방면의 교류가 많지 않으며 남북한 사람들 사이에는 일부 공식적인 만남 이외 사사로이 만나는 것은 허용되지 않는다. 이러한 상황에서 남이 북을 이해하고 북이 남을 이해하는데 제일 적절한 위치에 서 있는 대상이 바로 재외동포이다. 글로벌화에 따라 재외동포 사회는 남북한 체제와 관계없이 양쪽을 모두 상대할 수 있으므로 남북한 사이의 가교 역할을 하고 있다. 그리고 남북한 양쪽의 교류와 이해증진에 직접적 또는 간접적인 일을 많이 하고 있다.

중국 조선족을 놓고 보면 더욱 그렇다. 냉전시기 자본주의와 사회주의의 양대 진영에서 중국, 조선은 모두 사회주의 진영의 형제 나라로 중국 조선족은 조선민주주의인민공화국과 교류가 많았으나 한국과는 거의 단절돼 있었다. 하지만 냉전 국면이 완화되고 중국의 개혁개방과 한중 관계가 풀리면서 중국 조선족은 조선과의 교류를 계속 유지하면서 한국과의 교류도 점차 깊어져 갔다. 따라서 중국 조선족은 남북한과 제일 밀접한 관계를 갖고 있는 재외동포로 조선에 한국을 알리고 한국에 조선을 알리는 중요한 매파역할뿐만 아니라 경제교류에서도 조선족은 남북한 양쪽과 직접적인 교류이외 남북한사이의 교류증진을 위한 일을 많이 하고 있다. 여기서 몇 가지를 짚어 이야기 할 수 있다.

하나는 조선족 엘리트의 역할이다. 아시다시피 조선족은 중국에서 교육수준이 높은 민족으로 수천수만의 엘리트들이 있으며 중국의 여러 연구기관과 여러 대학교에 조선족학자들이 많이 있다. 중국과학원, 중국사회과학원, 북경대학, 청화대학, 중국인민대학, 중국정법대학 등 북경에만 하여도 수백 명의 조선족 학자들이 있다. 2013년까지 중국과학원과 중국공정원의 1557명 원사 가운데 2명의 조선족이 있다. 그리고 중국의 대남북정책제정에 조선족 엘리트들의 영향이 없는 것은 아니다.(공현우, 주일공사와 베트남대사직 역임 후 현재 외교부 아세아국 국장)

더욱이 남북한 인사들의 서로의 만남, 학술, 예술 등 교류는 거의 조선족엘리트들을 통하여 중국에서 이루어졌고 서로가 상대방의 산품을 접할 수 있게 된 것도 조선족의 역할이 컸다. 단적인 예로 학술 교류에 있어서 일찍이 한중 수교 이전 남북한 학자들이 한자리에 앉아 교류 할 수 있는 장을 연변대학, 북경대학의 조선족 교수들이 마련하였다(1989년 8월, 1991년 8월 연변대학에서 이미 두 차례의 조선학국제학술토론회를 개최, 1992년 8월에 북경에서 조선학국제토론회 개최 등). 그리고 남북한 학자들 만남의 감격적인 장면들도 많이 있었다. 예컨대 역시 1990년대 중반 연변대학에서 개최한 조선학국제토론회 때 마치 8·15 노인절이어서 학자들이 경축에 동참하였는 바 그때 남북한학자들이 연출장에서 같이 아리랑 노래를 합창하는 장면은 아주 감격적이었다.

두 번째로 조선족 기업인의 대남북한 경제활동 역시 중요하다. 중조 변경의 무역의 대부분이 조선족 기업인들을 통해 시행되고 있고 당초 한국인들의 중국 진출도 거의 조선족을 통해 실현되었으며 조선의 중국 진출, 예컨대 동북, 북경, 상해 등 여러 도시에 세운 평양식당 등도 거의 조선족을 통해 실현되었고 현재 조선평양 등 지역에 많아지고 있는 중조합자식당도 조선족이 기본이었다. 그리고 연변에는 벌써 북한의 노동 인력을 사용하고 있다.

세 번째로는 친인척간의 거래이었다. 중국 조선족은 북한과 깊은 친인척관계를 갖고 있다. 조선족은 북한과의 친인척 거래를 통하여 북한에 많은 지원을 하고 있다. 특히 북한 경제 상황이 어려울 때 국제적 지원도 중요하였지만 조선족 사회의 민간적인 지원도 아주 대단하였다. 연변 같은 경우 조선족 거의가 북한에 친인척 관계를 갖고 있으며 친인척 거래 때 항상 물질적 지원을 많이 하였으며 이것이 또 북한 사람들이 중국을 접하는 기회와 간접적으로 한국을 요해하는 도경으로 되었고 친인척 방문은 북한주민들이 바깥세상을 접하는 중요한 루트로도 역할을 하였다.

위에서 보다시피 지정학적 특정과 중국이란 특수요소 등으로 통일에 대한 중국 조선족의 역할 어찌 보면 숙명적인 것이 아닌가 싶다. 다시 말하면 남북한 통일을 위한 길에 조선족은 어떻게 보면 없어서는 안될 존재가 아닌가 하는 생각이 든다. 그리고 통일이 되면 조선족은 통일고국과의 각종 연계가 더욱 밀접해 질 것이며 통일고국과 중국과의 관계에서 역시 중요한 역할을 할 것이다.


## 3. 재외동포 사회기반 구축을 위한 노력이 필요

위에서 말한 바와 같이 남북한 통일에 있어서 재외동포 사회의 역할은 아주 중요하다. 그러면 재외동포 사회가 고국 통일을 위한 역할을 어떻게 하면 더욱 잘 할 수 있을까?

물론 재외동포가 남쪽과 북쪽과의 관계를 더욱 돈독히 하는 것이 중요하겠지만 더 중요한 것은 재외동포 사회가 거주국에서 더욱 튼튼히 자리를 잡아야 한다. 여기에는 재외동포들의 정치적 참여, 경제적 축적, 문화적 유지 등 여건으로 거주국 주류 사회에서 입지를 튼튼히 하는 것이 아주 필요한 것이다.

재외동포 사회는 거주국에 따라 그 입지가 각이부동하다. 중국의 경우 한중 수교 이전 조선족은 각 영역에서 자신의 위치를 잘 수행하였다. 정치적 참여를 볼 때 동북 집거지역 각 현시에는 조선족 부현장과 많은 행정 간부들이 있어 민족의 권익을 잘 대변하였고 경제적으로 과거 조선족 인구다수인 농민들은 거의 수전 농사를 함으로 주위 한족들보다 여유로운 생활을 하였으며 문화적으로 마을중심의 인구집거분포는 민족 문화와 민족 교육을 잘 지킬 수가 있었다.

하지만 한중 수교 이후 다량의 인구 이동에서 비롯된 영향은 조선족의 사회적 기반을 약화시키고 있다. 다른 한면 남북한의 현 상황에서 조선족은 고국통일사업에 중요한 역할을 할 수 있는 존재로 그들이 거주국에서 튼튼한 사회기반구축이 아주 중요하다. 이것은 중국에서 조선족 사회를 유지할 수 있는 중요한 여건이기도 하고 통일에 더욱 큰 역할을 할 수 있는 힘이기도 하다. 가령 조선족 사회의 정치적 참여가 활발하면 남북한 각 방면 교류에서 더욱 주도적 역할을 할 수 있을 것이고 경제적 힘이 커진다면 남북한 경제교류에 더욱 직접적인 힘을 발휘할 수 있을 것이다. 예컨대 조선족기업이 확장되어 한국의 기술력, 조선의 노동력을 동시에 사용하게 되면 그 시너지효과가 얼마나 큰지 가히 상상할 수 있다.

그러면 어떻게 재외동포 사회 기반을 튼튼히 닦아야 하는지? 재외동포들이 거주국에서의 피나는 노력도 필요하고 고국의 물심양면의 지원도 필요할 것이다. 고국의 정책적, 인재적 등 지원으로 재외동포 사회의 힘을 키우고 입지를 튼튼히 하면 통일에 힘이 될 뿐만 아니라 고국과의 연대도 더욱 깊어지기 마련이다.

이외에 재외동포 위상을 손상하는 일을 자제하였으면 한다. 중국 조선족의 경우 현재 조선족이 한국에 많이 나왔고 이들 대부분이 3D산업에서 막노동을 하는 노동자이다. 다른 한면 지금까지 한국사회의 분위기를 보면 조선족을 비하하는 경향이 아주 심하다. 이는 조선족 위상에 아주 손상주는 현상이다. 여기서 특히 매체가 더 많이 반성해야 할 것이다. 그리고 염두에 두어야 할 것은 재한 조선족이 중국 조선족의 주류가 아니므로 재한 조선족을 바라보는 시각으로 조선족을 이해하여서는 안 된다.

또 하나는 조선족을 왜곡적으로 이용하지 않았으면 한다. 남북한 현실을 보면 중국 조선족은 아주 특수하고 중요한 위치에 있다. 중국 조선족의 힘을 잘 활용하면 남북한 통일과 발전에도 아주 큰 도움이 될 수 있다. 하지만 왜곡적으로 이용하면 중국 조선족 위상에 손상을 줄 수 밖에 없다. 예컨대 한때 물의를 일으킨 "조선족 간첩사건"이라든가, 조선족을 정보 수집에 이용하는 등 현상은 조선족 위상에 악영향을 초래할 뿐만 아니라 조선족의 처지를 더 어렵게 만들기 때문에 좀 삼가 하였으면 하는 바람이 있다.


(본문은 2014년 11월 28일 한국재외동포재단이 주최한 <재외동포문제 대토론회>에서 발표한 토론문이다.)


조글로, 2015.1.12.
http://www.zoglo.net/blog/read/zhengxinzhe/237306/0/0

# 교실을 찾은 순간

내일 수업해야 하는데 오늘 오전에야 겨우 교실이 확정되었다. 잠시나마 숨을 돌리기는 하였지만 이번 교실 찾는 일을 통하여 나는 개개인의 무력함과 적절한 사회 환경의 미비함을 너무나도 깊게 느끼게 되었다.

교실을 찾기 위하여 나는 여러 사람들에게 수소문을 하는 동시에 인터넷을 검색하여 가능성이 있는 주소들을 적어 가지고 한 곳, 한 곳 다녔는데 보름 동안 주말 학교 선택지인 왕징 지역을 거의 다 돌아보았다. 처음 며칠 동안에 여러 곳을 뛰어 다니면서 일이 잘 풀리지 않아 당장 포기하고 싶은 마음도 없지 않았다.

하지만 도시에서 자라고 있는 조선족 아이들이 우리말, 우리글도 모르고 민족 정체성을 잃어가는 모습을 생각만 하여도 아주 마음에 걸렸다. 그리고 우리 아이들에게 우리말 우리글만은 꼭 배워주어야 한다는 강한 신념이 나의 좌절감을 이기도록 하였다. 또 이것이 결국 교실을 찾을 수 있는 힘이 되기도 하였다.

중국에는 우리 겨레가 대략 200만 명이 살고 있다. 1990년대 이전 중국 조선족 인구의 절대다수가 길림, 흑룡강, 요녕 등 동북 3성에 집중 거주하였다. 하지만 개혁개방, 특히 한중 수교이후 다량의 조선족들이 동북지역을 떠나 북경, 상해, 천진, 청도, 심천 등 산해관 이남 도시 지역에 진출하면서 조선족 인구분포도를 재구성하게 되었고 현재는 조선족 인구의 3분의 1 내외가 산해관 이남 도시 지역에서 생활하고 있다.

중화인민공화국 설립 이후 중국 정부는 민족평등 정책과 민족 문화 발전정책을 실시함으로 동북지역에는 수많은 조선족 학교들이 세워졌으며 이는 민족 교육 발전과 민족 문화 전승에 큰 힘을 되었다. 조선족 인구 이동에 따라 민족 교육 분포 구조도 많이 바뀌어져야 하나 현실은 그렇지 않았고 동북지역에 많은 조선족 학교는 있는 반면 산해관 이남 지역에는 공식적인 조선족 학교는 겨우 하나 밖에 없다. 때문에 도시 지역은 날로 조선족의 생활 터전으로 되어가고 있으나 절실히 민족 교육의 어려움을 느끼는 곳이기도 하였다.

과거 조선족 선조들은 어디에 가나 자녀 민족 교육을 소홀히 하지 않은 전통은 갖고 있었다. 지금은 이 우수한 전통이 산해관 이남 도시 지역에서도 꽃피고 있다. 여러 조선족유지들은 많은 어려움을 극복하면서 자라나는 조선족 아이들에게 우리말, 우리글을 배워주려고 도시 여러 지역에 주말 학교를 세우기 시작하였다. 공식적인 민족학교가 없는 도시에 이러한 주말 학교들이 점차 민족 교육의 중요한 담당자로 되었다. 북경의 정음우리말학교 역시 이러한 배경 하에 설립된 주말 학교이다.

현재 북경에는 약 10만여 명의 조선족들이 살고 있다고 한다. 이 가운데 학령 학생들이 적지 않는 바 불완전한 통계에 의하면 북경 왕징지역에만 하여도 학령학생들이 수백 명 된다. 이러한 아이들 상대로 우리말 교육을 진행하기 위하여 설립된 주말 학교가 바로 정음우리말학교이다.

정음우리말학교는 북경에서 자란 조선족 아이들 상대로 우리말, 우리글을 가르치는 공익성 민족 교육 기구이다. 2012년 12월에 단기 강습반을 거쳐 2013년 3월1일 고고성을 울린 정음우리말학교는 북경조선족 사회의 지지와 성원, 그리고 학부모들의 높은 열정으로 학교 운영은 날로 좋아졌고 학교 규모는 날로 커져 2015년 초에는 재학생이 110여 명에 달렸다.

그런데 제5학기 초에 들어 생각지도 못한 일이 발생할 줄이야! 우리는 원래 임대해 사용하던 학원 교실을 당장 사용하지 못하게 되는 상황에 봉착하였다. 교실 문제로 학기 중간에 기획했던 봄철야유회를 학기 초로 당겨 푸르지 않은 공원에서 진행해야 했고 교실을 찾으려고 군데군데 헤매지 않으면 안 되었다. 그땐 정말 안타깝고 고통스러웠다.

이번 교실 사건을 통하여 새삼스럽게 생각되는 일들이 많았다. 그 하나는 꼭 이렇게 애를 써가면서 우리말을 배워주어야 하는가? 두 번째는 우리말을 배워주는 일이 왜 이렇게 어려운지? 세 번째는 어떻게 하면 아이들에게 우리말 배우는 더 좋은 환경을 조성해 줄 수 있을까? 물론 이러한 질문들은 조선족 사회 전체성원들이 깊게 생각해 봐야 할 사안이기도 하다.

한 민족 사회의 일원으로 말할 수 있다는 것은 그가 어느 정도 자신의 민족 정체성을 유지하고 있기 때문이다. 하지만 한족 인구의 겹겹 포위 속에서 가령 중국 조선족에게 제일 중요한 특징인 민족 언어와 문자를 잃게 된다면 민족성도 동시에 상실되고 말 것이다.

그런데 민족 언어 문자 교육을 진행하는 과정이 왜 이렇게 어려운 가? 그것은 해당 당국의 정책적 무관심도 있거니와 민족 성원들의 소홀함과 민족 교육의 중요성에 대한 이해 결핍도 없지 않았다. 이러한 문제들을 해결하려면 우리 민족 성원들이 적극 나서서 당국에 호소하여 제도적 지지와 지원을 유도하는 것도 좋지만 상황은 여의치 않았다. 다시 말하면 도시 우리말, 우리글 교육은 제3자에 기대할 수 없고 단지 자기 힘으로 해결할 수 밖에 없는 중대한 일로 민족 성원 모두가 힘을 합쳐 꾸려나가야 할 중요한 사안인 것이다.

나는 우리 아이들이 학업에 쪼이면서도 우리말학교에 꾸준히 다니는 것이 아주 기특해 보였다. 하지만 그들에게 안정적이고 쾌적한 교육 환경을 마련해 주지 못하고 있는 것이 너무 마음에 걸리기도 한다. 어떻게 보면 우리가 아이들에게 곳곳에 있는 과외 학원의 조건을 초월하지 못해도 그들과 비슷한 환경을 조성해 주어야 할 것이 아닌가? 그리고 또 우리말 학교가 기타 과외 학원보다 여건이 더욱 좋을 때 우리 아이들의 민족적 긍지감과 자신감이 얼마나 강할까 상상해 보기도 한다.

이번 교실 찾기를 통해 도시 우리말 학교 운영의 어려움, 그리고 의무감과 책임감 등을 다시 한번 깊게 느끼게 되었다. 나로서는 이번 교실 사건이 너무 충격적이어서 이렇게 두서없이 느낌을 적어 본다.

『조글로』, 2015.4.10.
http://www.zoglo.net/blog/read/zhengxinzhe/250319/0/0

# 정음우리말학교를 지속적으로 꾸려나가자면…

이번 학기 중에 교실 문제로 정음우리말학교가 문을 닫지 않을까 하는 의구심마저 생긴 적이 있다. 10개 반에 120여 명이 되는 학생들이 장소가 없어 헤매는 정경을 상상만 해도 가슴이 떨렸다.

다행히 어려운대로 교실을 찾아 수업을 이어갈 수가 있어 잠시나마 마음을 놓았다. 하지만 안정되지 못한 장소 때문에 우리말학교가 언제 또 앞과 같은 일이 생길지 누가 장담하랴?

교실 문제는 항상 나를 불안케 하였다. 지금 교실을 찾아 수업을 진행하고 있지만 압력은 더욱 가중되었다. 그 하나는 교실 임대 조건과 요구가 아주 까다로워 합작이 잘 될는지 걱정이었고 또 하나는 임대료가 원래 예산보다 훨씬 높아 불안하였다.

사실 정음우리말학교가 개교되어 5학기째 되었지만 이전에는 학교 후원회 이사회의 정기적인 지원과 북경조선족 사회의 후원으로 운영 경비에 대하여서는 거의 고민을 하지 않았다.

하지만 현 상황에서 보면 학교운영경비도 예산을 넘어 적자가 생길

우려가 없지 않다. 학교 수입과 지출을 간단히 나열해 보면 다음과 같다.

정기적인 수입원은 후원회이사회자금 약 10만원, 모 재단지원 약 6만원, 그리고 학부모후원금(이번 학기부터 학부모후원금으로 학생일인당 300원을 받았음) 4만원 정도로 모두 합하면 약 20만원이 된다. 지출은 현재 토요일 하루 수업에 소요되는 경비는 6950원(교실임대료 4200원, 강사료 2750원)으로 1년 2학기(32주)에 소요되는 경비는 222,400원이 되고 이외 활동비용, 필수품지출 등 잡비까지 합치면 거의 250,000원에 달한다.

즉 지금대로 나가면 약 5만원의 적자가 생긴다는 것이다. 어떻게 보면 정음우리말학교는 아주 어려운 상황에 처해 있다. 물론 다른 한면에서 보면 학교운영을 한 단계 높이는 새로운 계기가 될 수도 있다.

현재 학교의 지속적인 발전을 둘러싸고 많은 방안들이 논의되고 있다. 하나는 회사를 꾸려 학교 장소 확보와 경비 부담을 일부분 담당하여 학교운영의 뒷심이 되어주는 것인데 여기에는 헌신적인 경영자가 나서야 될 일이다. 두 번째는 학부모들의 후원금을 높여 자체의 힘으로 안정적인 장소를 확보하는 것인데 얼마나 많은 학부모들이 이에 호응할 수 있는지 파악이 가지 않는다. 세 번째는 북경조선족 사회 상대로 모금운동을 벌려 일정한 기금을 마련하여 장소를 확보하고 학교를 지속적으로 운영하는 것인데 이것 역시 그리 쉬운 일이 아닌 것 같다.

이상과 같이 안정적이고 지속적인 우리말 학교운영을 위한 방법은 여러 가지 있으며 많은 어려움이 있겠지만 노력만 하면 실현할 수 있다. 여기서 강조하고 싶은 것은 도시에서 민족적 정감을 키우고 민족 문화를 전승하는 데는 우리말 교육이 무엇보다도 중요한 것이며 정음우리말

학교는 북경조선족 사회 전체성원들의 힘을 합쳐 꾸려나가야 한다는 신념이다.

정음우리말학교를 안정하게 지속적으로 운영하려면 먼저 장소 문제를 윤활히 해결해야 한다. 장소 확보도 한마디로 말하면 역시 경제력이 뒷받침되어야 할 것이다. 어찌 보면 학교 운영에 소요되는 장소 확보나 경비 부담은 우리 사회 전체성원들이 힘을 합치면 그리 어려운 일은 아닌 것 같다.

가령 우리 각자가 일 년에 한 번이라도 외식을 줄이고 그 돈을 우리말 교육에 쓰이게 되어도 어마어마한 자금력이 되지 않겠는가… 문제는 단지 우리말 교육에 대한 홍보와 동원이 잘 되지 않아 많은 사람들이 같이 동참하고 기여할 기회가 없었을 따름이다.

『조글로』, 2015.5.14.
http://www.zoglo.net/blog/read/zhengxinzhe/254844/0/0

# "정음문화"의 새로운 가치창출을 위하여

　　우리 조선족은 한민족의 한 갈래로 한반도에서 중국으로 이주 정착한 중국 다민족 대가정의 한 성원이다. 전통적으로 우리는 동북지역 농촌에 모여 살았고 중국공산당과 국가의 민족평등정책의 혜택을 받으며 우리학교에서 우리말, 우리 문화를 터득하면서 민족의 우수성을 널리 알리며 민족성향이 짙은 사회 생활을 영유하여 왔다.

　　그것이 개혁개방과 더불어 민족 성원들이 다량적으로 도시 진출, 해외 진출한 결과 원래의 민족 인구분포도를 개변하였을 뿐만 아니라 산해관 이남도시가 수많은 민족 성원들의 새로운 삶의 터전으로 되었다. 하지만 동북지역과 달리 산해관 이남도시는 민족풍토가 매우 약한 곳이다. 더욱이 산해관 이남도시에는 우리가 그토록 자랑하던 민족 교육을 진행할 수 있는 우리학교가 하나도 없었다. 따라서 우리 문화의 기초인 우리말, 우리글은 도시에 사는 우리들에게 점차 사치품으로 변모되어 갔다.

　　우리 민족은 급격한 도시화 과정에서 그 어느 민족 집단보다 앞서가고 있으며 부딪치고 있는 문제도 심각하다. 이 가운데 가장 중요한 것은 도시에서 어떻게 우리 문화와 언어 문자를 꽃피우면서 지속적으로 이어갈 것인가 하는 문제이다. 이에 대한 해법으로 여러 도시에서 민족학교를 꾸리려는 행동이 보였고 청도 같은 데서는 이미 민간차원에서 민족학교를 설립하기도 하였다. 더욱이 우리말 주말 학교가 많은 도시에서 운영되고 있는 와중에 북경에서 "정음우리말학교"가 설립되었으며 "정음", "우리말", "정음문화" 등 글구들이 많이 출현되고 이러한 개념에 대한 관심도도 점차 높아갔다.

그럼 "정음"과 "정음문화"는 무엇인가? 한 마디로 말하면 "정음"과 "정음문화"는 우리글과 우리 문화를 대변하는 중요한 개념이기도 하다.

"정음"이란 1443년 세종대왕의 주체 하에 창제한 우리글 "훈민정음" 속의 정음이다. 조선시대이전에는 우리말은 있어도 우리 글자가 없어 중국 글자로 우리말을 표기하였다. 이러한 불편을 해소하고 백성들이 쉽게 글자를 배울 수 있도록 조선시대 제4대 왕인 세종대왕은 집현전 학자들을 동원하여 우리말에 맞는 새 글자를 만들었는바 이것이 바로 "훈민정음"이다. "훈민정음"의 말 뜻인즉 "백성을 가르치는 바른 소리"이다.

"훈민정음"은 우리말에 맞는 우리 글자로 그때로부터 민족 문화를 우리글로 기록하고 전승할 수 있게 되었다. "훈민정음"의 창제는 많은 백성들이 문맹에서 벗어나고 새로운 민족 문화를 창조하는 중대한 계기로 민족 문화 발전사에서 획기적인 거사라고 할 수 있다. 따라서 "정음"과 "정음문화"는 우리 문화를 상징하는 제일 적당한 대명사라고 할 수 있다.

"정음문화"는 "훈민정음" 및 그 문화적 가치를 이어받은 개방적이고 포용적이며 진취적인 우리 문화이다. 그럼 우리가 지향하는 "정음문화"의 핵심은 무엇인가?

요약하여 말하면 첫째, 우리 문화의 우수성을 유지하고 이어가며 널리 선양하는 것이다; 둘째, 우리 문화 속의 보편적 가치를 발굴하고 홍보하여 중화문화, 나아가서 세계문화발전에 기여하는 것이다; 셋째, 우리 문화를 바탕으로 주도적으로 기타문화의 정수를 포용하고 융합하여 우리 문화 내용을 더욱 풍부하게 장식하고 우리 문화 발전 수준을 더 높이는 것이다.

상술의 취지는 모두 사회에 적극적인 에너지를 부여하고 사회 발전에 기여할 수 있는 힘으로 될 수 있다. 희망컨대 우리들의 노력을 통하여 우리 문화의 우수성을 전승하고 발전함으로 "정음" 및 "정음문화"란 단어가 우리 문화를 대변하는 중요한 브랜드로 세상에 널리 알려졌으면 한다. .

현재 우리 사회는 바야흐로 도시화 과정을 향해가고 있다. 도시화 과정은 우리에게 더욱 풍부한 물질적 수요를 만족시키고 더욱 쾌적한 환경을 제공하며 더욱 풍요로운 삶을 즐길 수 있는 여건을 마련해 주기도 한다. 다른 한면 다민족국가의 한개 소수민족집단으로 도시화 과정은 민족 인구의 분산화를 더욱 다그치고 민족 문화의 약화를 초래하고 있는 것도 사실이다.

어떻게 보면 도시화 과정은 사회 발전의 불가피면적인 추세라고 하지만 한개 민족 성원으로서 민족생활여건이 미흡한 도시에서 어떻게 민족 문화를 보존하고 전승하며 민족 정체성을 지키면서 살아야 하는지에 대하여서는 우리 모두가 한 번쯤은 생각해보아야 할 것이다.

그리고 어떻게 하면 도시화 과정에서 우리 문화 사업과 문화 산업을 잘 접목시켜 더욱 큰 경제적 가치를 창출하여 우리 문화 보존과 발전에 더 큰 힘이 될 수 있는가에 대하여 우리 기업인, 학자들이 더 많이 고민하였으면 한다.

인민넷: 정음문화칼럼1, 2016.1.25.
http://korean.people.com.cn/310773/15565630.html

# "훈민정음"은 문자에 그치지 않는다

    <훈민정음>는 조선시대 제4대 왕인 세종(1397~1450, 즉위 1418~1450)이 집현전의 진보학자들을 인솔하여 창제한 우리 문자로 1443년(세종 25년)에 완성되고 1446년에 반포되었다. 훈민정음의 뜻인 즉 "백성을 가르치는 바른 소리"이다. 훈민정음의 창제 목적은 그 서문에서 말한 바와 같이 "우리나라 말이 중국과 달라 한자와는 서로 통하지 않는다. 그래서 어리석은 백성이 말하고자 하는 바가 있어도 끝내 제 뜻을 펴지 못하는 사람이 많으니라. 내가 이것을 가엾게 여겨 새로 스물여덟 글자를 만드니, 모든 사람들로 하여금 쉽게 익혀서 날마다 쓰는 데 편하게 하고자 할 따름이니라"고 하였다.

    <훈민정음>의 창제와 반포는 우리 민족 문화 발전에 있어서 하나의 획기적인 거사이었다. 봉건시대 통치자인 대왕이 백성들의 편리를 돕자고 문자를 창제한 것은 지금에 와서도 아주 상상하기 어려운 일이다. 하물며 기득권층의 심한 반대를 무릅쓰고 창제한 우리 문자로서…

    이처럼 세계 역사상 나라 왕이 백성을 위해 문자를 만든 사례가 없

듯이 <훈민정음>은 단순히 문자에 그치지 않았으며 그 속에는 우리 문화의 독자성, 민주성과 포용성 등이 뚜렷하게 보였다.

첫째, <훈민정음>은 민족자주성의 결실이었다. 세종왕이 <훈민정음>을 창제반포할 시기 조선은 깊은 사대주의 경향에 빠져있어 "모화숭화"(慕華崇華)관례에 어긋나는 일을 하기에는 아주 어려웠다. 더욱이 당시 집현전 사실상 책임자인 부제학 최만리는 상소문을 올려 우리 조정은 태조대왕때부터 지성으로 중국을 섬겨 한결 같이 중국의 법제를 따라와서 지금도 글자나 풍속이 중국과 한가지인 이 때에 백성에게 훈민정음을 익히게 하는 것이 바람직하지 않다는 이유로 반대까지 하였다. 이와 같이 세종왕이 참여하고 지시하여 만든 <훈민정음>은 강한 민족자주성의 결실이라고 볼 수 있다.

둘째, <훈민정음> 창제와 반포에는 민본주의사상이 깊이 스며져 있다. <훈민정음>이전에는 복잡한 한문과 이두(한문으로 우리말을 표기하는 글체)를 사용하였는바 이는 문신들조차 알기 어려운 글이었다. 이토록 어려운 글을 생활난에 시달리는 서민들이 배운다는 것은 거의 불가능한 일이었다. 따라서 양반이 아닌 백성들도 쉽게 읽고 쓸 수 있도록 창제한 <훈민정음>에는 세종왕의 깊은 민본주의사상을 역력히 읽을 수가 있다.

셋째, <훈민정음>은 백성들이 쉽게 익히고 편리하게 쓸 수 있는 실용성이 강한 문자로 기층문화보급에 크게 기여하였다. 그 일례로 이조시기의 "서당"과 일본 도꾸가와바꾸후 시기의 "데라꼬야"(寺子屋)를 비교해 볼 수 있다. "서당"이나 "데라꼬야"는 모두 서민교육 장소이다. 당시 이조 인구 1,300만에 서당이 16,000여 개 있었고 일본은 3,000만 인구에 데라꼬야가 11,000여 개 있었다. 여기서 보다시피 조선은 평균 800명에 서당이 하나 있는데 비해 일본은 1,700명에 데라꼬야가 하나 있었다. 다른 한면 당시 일부 지배층들은 훈민정음을 '언문'(諺文)이라고 부르면서 업신여기고 잘 사용하지 않았다. 이러한 사실을 감안한다면 <훈민정음>이 서민들의 교육열에 얼마나 큰 역할을 하였는가를 보아낼 수 있다. 그리고 유네스코조직이 문맹퇴치 공로상 이름을 "세종대왕상"이라 할 정도로 <훈민정음>은 우리 민족의 문맹 탈퇴와 기층문화 보급에 아주 크게 기여하였다.

"말은 사람의 특징"이라고 하듯이 민족 언어는 민족 구성의 중요한 요소이며 민족 문화의 표상이기도 하다. 민족의 기층 문화는 시대가 어떻게 변하든 단절되지 않고 유유히 전승되고 있으므로 그 민족 문화의 명맥을 이룬다. <훈민정음>은 민족 문화의 명맥을 이루는 기층문화 보급과 전승에 막대한 기여를 한 장본인으로 단지 문자에 그치지 않고 그 속에는 우리의 문화가 스며있다.

민족 문화는 민족 역사의 결실이고 민족주체성의 뿌리이다. 우리에게 있어서 언어 문자는 민족 문화를 이어가는 가장 중요한 고리이며 민족 존립과도 연결된다. 다문화시대에 사는 우리는 자기 문화와 언어를 잘 살리면서 타문화를 이해하고 포용해야 기타 민족으로부터 존경을 받을 수 있고 자아발전에도 더욱 유리할 것이다. 하지만 어떤 민족이든 막론하고 자기의 주체성을 상실할 경우에는 뿌리 없는 부평초와 같은 운명을 면하지 못한다.

현재 도시화와 더불어 많은 사람들이 주류 사회 진출을 운운하면서 민족 언어를 무시하고 심지어 익숙한 민족 문화마저 멀리 또는 포기하는 경향이 없지 않다. 만약 이러한 경향이 깊어지면 민족생존과 발전에 어떠한 결과를 초래할 것인지는 자명한 일이다.

인민넷: 정음문화칼럼13, 2016.4.25.
http://korean.people.com.cn/310773/310780/15584898.html

# 화제가 되고 있는 도시우리말 교육

현재 조선족 사회에서 도시우리말 교육이 하나의 큰 화제가 되고 있습니다.

아시다시피 개혁개방과 도시화 과정은 조선족 인구의 신속한 이동을 초래하였는바 수많은 조선족들이 농촌에서 도시로, 동북집거지역에서 산해관 이남도시로 진출하였습니다.

하지만 이러한 도시 지역은 민족 집거지와 달리 민족 교육기반이 아주 약한 곳입니다. 민족학교도 없고 우리말배움터도 없기 때문에 자라나는 세대들이 우리말, 우리글을 비롯한 민족 문화를 접촉하고 배울 기회가 없었습니다. 이에 대응하여 1990년대에 민간에서 일부 조선족 학교 또는 우리말주말 학교를 세웠지만 여러 가지 어려움으로 거의 문을 닫고 말았습니다.

21세기에 와서 정규적인 민족학교보다 쉽게 운영할 수 있는 주말 우리말학교들이 여러 도시에 세워지기 시작하였습니다. 현재 북경, 천진, 상해, 심천, 대련, 청도, 연대 등 많은 도시에 40여 개 주말 학교가 있습니다.

우리말, 우리글은 우리 문화를 보존하고 전승하는 제일 중요한 수단이며 여기에는 수천 년 전해온 조상들의 지혜가 담겨있습니다. 도시에서 우리말 교육이 주목되고 또한 주말 우리말학교가 많이 세워져가고 있는 사실은 우리말 교육의 중요성과 필요성을 말해주고 있습니다.

현재 주말 우리말학교에 대한 조선족 사회의 관심과 지지, 그리고 지원도 대단합니다. 그 형식을 보면 기업인들이 후원이사회를 묶어 자금을 지원하기도 하고 장소를 무료로 제공하기도 하며 자원봉사 선생님들이 무료로 강의하는 등 아주 다양합니다. 이와 같이 도시의 주말 우리말학교는 그 지역 조선족 사회의 광범한 지지와 지원이 있기 때문에 세워지고 운영해 나갈 수 있습니다.

물론 도시에서 주말 우리말학교를 세우고 운영하는 데는 많은 한계가 있습니다. 현지 해당 기관의 정책적 지지와 경제적 지원이 없기 때문에 명분도 없고 교육장소, 운영자금, 교원초빙 등 여러 면에서 많은 어려움을 겪고 있습니다.

하지만 우리는 앉아 기다릴 수는 없습니다. 자칫하면 도시에서 민족 문화를 잃을 수 있습니다. 우리는 아무리 어렵다 해도 자라나는 세대에게 우리말, 우리글교육을 받을 수 있는 여건을 마련해 주어야 합니다. 이것이 도시에서 민족 문화를 보존하고 이어가는 가장 중요한 일이라고 할 수 있습니다.

저는 항상 강조합니다. 우리말학교 운영은 몇 사람, 몇 단체가 하는 일이 아닙니다. 주말 우리말학교를 운영하고 지속적으로 꾸려가자면 반

드시 그 지역 조선족 사회 모든 성원들이 힘을 합쳐 지지하고 지원하여
야 합니다.

우리는 과거 그 어려운 시기에도 우리 선조들이 민족 문화 전승을
위하여 돈 있는 사람은 돈을 내고 힘 있는 사람은 힘을 내여 민족 교육
을 꾸준히 진행해 온 전통을 이어받아 도시에서도 우리말, 우리글을 꽃
피울 수 있도록 힘껏 노력해야 합니다.

2016.

# 민족 문화 전승의 중요한 시점

## 1. 민족 문화의 보존과 발전

중국 사회 발전과 더불어 조선족의 민족 문화도 변천 속에서 유유히 보존, 발전되어왔다. 우리 민족은 장기적인 생산, 생활 과정에서 의, 식, 주, 행 등 방면에서 민족 특징이 농후한 전통 문화를 창조하고 전승하여 왔다.

조선족은 중국 문화와 환경에 적응하는 동시에 자기 민족의 문화와 전통을 보전하려고 노력하였다. 대부분 조선족은 자기가 조선족임을 잊지 않았고 민족 교육에서도 민족성을 많이 부여시켰다. 1990년대 이전 동북지역 대부분 조선족 학교의 수업언어는 조선어이고 교과서는 조선 글로 되어있어 민족 교육, 민족 문화의 발전에 크게 기여하였다.

## 2. 민족 문화전승의 어려움

1990년대 이후 우리는 심한 인구 이동의 조류 속에 휩쓸리게 되었다. 중국 여러 민족들의 인구 이동가운데서 조선족은 더욱 앞섰다. 과거 조선족 사회는 중국의 특수한 체제하에 사업 배치 등 많지 않은 공식적 이동이외 거의 한 지역에서 생활을 영위하여왔다.

1980년대에 시작된 중국의 개혁과 개방은 인구 이동의 발걸음을 재촉하였다. 중국에서 문화소질이 높고 정세 적응에 빠른 조선족은 그가 지닌 혈연, 지연, 언어 등 우세로 국내 기타 민족보다 개혁개방에 앞장섰을 뿐만 아니라 인구 이동에서도 기타 민족이 비할 바 없는 활발한 양상을 보였다.

현재 인구 비중으로 보면 중국 여러 민족 가운데서 조선족은 국내 이동이나 국외 진출에서 모두 제일 앞섰다고 할 수 있다.

과거 조선족 인구의 98% 이상이 동북지역에 집중되었다면 현재는 '3분 천하'로 바뀌어져 산해관 이남 지역에 3분의 1, 해외에 3분의 1, 동북지역에 3분의 1이 분포됨으로써 조선족 인구의 전통 분포를 완전히 타파하였다.

인구의 급속한 이동은 민족 문화 전승과 민족 언어 문자 교육에 심각한 타격을 주었다.

하나는 동북지역 민족 교육의 축소이다. 동북지역에 조선족 인구감소와 더불어 수많은 민족학교가 문을 닫거나 곧 폐교에 이르러 민족 교육은 날로 축소되어가고 있다. 민족 교육 환경의 약화는 민족 언어 문자 교육과 민족 문화 보존 전승에 많은 어려움을 초래하였다.

두 번째는 산해관 이남 지역의 민족 교육의 단절이다. 원래 산해관 이남 지역에는 조선족 인구가 많지 않았고 공식적인 민족학교는 하나도 없었는데 이러한 상황은 수십 만 명의 조선족들이 산해관 이남 지역에 진출한 현재에도 마찬가지다. 민족 교육시설이 없어 민족 교육을 진행할 수 없었고 민족 교육의 단절은 민족 언어 문자와 민족 문화의 소실을 초래하였다.

세 번째는 민족 인구의 분산화는 민족 문화와 민족성 소실을 다그치고 있다. 중국은 한족인구가 절대다수인 다민족국가로 도시 진출은 소수민족 인구의 더욱 큰 분산을 의미하고 그들은 창해속의 좁쌀에 불과하다. 때문에 민족 인구의 분산화는 민족 문화 전승에 많은 어려움을 주었고 민족성 소실을 다그치는 결과를 초래하였다.


## 3. 민족의 존속을 위하여 우리는 어떻게 해야 하는가?

첫째, 도시에 민족 문화중심을 세우고 연결망을 결성하여야 한다. 과거 우리는 마을단위로 상대적으로 모여 살았으므로 우리의 전통과 문화를 고스란히 보존하고 이어올 수 있었다. 하지만 현재 도시에서 모여 사는 것은 거의 불가능한 일이다. 그래도 우리가 할 수 있는 일은 물리적인 집거가 아닌 문화적인 연결고리를 잡는 것이다. 민간단체를 결성하고 문화중심을 세워 민족적인 네트워크를 형성함으로써 항상 민족을 생각할 수 있는 여건을 마련하여야 한다.

둘째, 우리말 우리글 교육을 진지하게 진행하여야 한다. 언어 문자는 우리 민족에게 있어서 제일 중요한 특징이라고 할 수 있다. 그리고 언어 문자는 민족 문화의 중요한 구성부분이고 민족 문화의 중요한 표현 형식이기도 하다. 동북지역에서는 그나마 민족 교육의 전통이 있고 민족 학교가 있어서 우리말, 우리글 교육을 계속 진행하여 왔지만 기타 도시 지역에는 그런 여건이 없다. 하지만 이러한 도시 지역에서도 방법을 강구하여 꼭 우리말 우리글 교육을 진행하여야 한다. 특히 자라나는 새 일대들에 대한 우리말 우리글 교육은 민족 문화 전승과 민족의 미래와도 연관된다.

셋째, 우의 실현을 위해 현지 정부와의 원활한 소통이 필요하다. 현재 우리가 처한 객관적 환경은 여의치 않다. 때문에 정부 해당 기관, 특히 해당 책임자들과 원활한 소통이 아주 필요하다. 어떤 방법을 써서라고 현지 도시정부와의 원활한 소통의 길을 닦아야 한다.

마지막으로 우리말 우리글 교육과 민족 문화 전승은 일부 단체, 일부 사람이 아니고 민족 사회 전체 성원들이 동원되고 모두의 힘을 모아 진행하여야 가능하다. 이를 위해서는 민족에 대한 사랑을 키우고 민족의식을 강화하는 작업도 중요하다.

다시 강조하고 싶은 것은 현재 우리는 민족 문화 전승의 중요한 시점에 처해있다. 우리에게는 시점전환의 유리한 점도 있고 불리한 요소도 있다. 유리한 점이라면 하나는 민족 성원들이 도시에 자리 잡게 되면서 민족에 대한 생각과 의식이 날로 회복되고 강해지는 추세가 보이고, 둘째는 많은 민간단체들이 결성되고 여러 형식의 활동을 진행하면서 민족적인 네트워크가 형성되어가고 있으며 셋째는 민족의 경제인들의 힘이 날로 커가면서 민족 사회에 많은 기여를 하고 있는 것이다. 그리고 한반도의 두 개 주권국가와의 밀접한 연계는 민족 문화 전승의 중요한 힘이 되였고 국가측면에서 도시 민족사업에 대한 인식과 중시가 점차 높아가면서 도시 민족문제 해결에 대한 더 많은 정책과 조치도 기대해 본다.

불리한 요소로는 하나는 한족인구의 망망대해 속에 우리는 날로 분산되고 희석화 되여가고 있다. 두 번째는 도시 민족사업에 대한 국가차원의 새로운 정책과 조치가 아직까지 마련되어있지 않고 도시정부의 국가 민족정책과 민족사업에 대한 이해가 아직 결핍하고 중시정도가 미미하다.

보다시피 도시 지역이 날로 우리의 생활터전이 되는 이 시점에 우리 앞에 놓인 어려움이 적지 않다. 그렇다고 우리는 과거로 돌아갈 수는 없다. 그러면 우리는 오직 앞으로 나아 갈수 밖에 없다. 우리 모두 민족 문화 전승에 힘을 합쳐야만 도시에서도 민족 정체성을 잃지 않고 생활할 수 있을 것이다.

『조글로』, 2017.8.28.
http://www.zoglo.net/board/read/m_wenhua/314206

# 우리 자신이 "선족"(鮮族)이라고 부르지 말아야…

우리는 일부 매체에서 조선족을 "선족"(鮮族)이라고 부르는 현상을 가끔 보았다. 이에 대해 우리 사회 일부에서는 그릇된 호칭을 고쳐야한다고 해당부문에 호소하기도 하였다. 그리고 국가민족사무위원회에서도 <조선족 호칭을 정확히 사용할 때 관한 공문>을 작성하여 중공중앙 선전부와 공안부에 보내어 각 매체와 공공기관에서 조선족호칭을 정확히 사용하도록 요구하였다.

하지만 항간에서는 아직도 조선족을 "선족"이라고 호칭하는 현상을 볼 수 있으며 특히 조선족 자신들이 "선족"이라고 부르는 경우도 적지 않았다. 한번은 연교지역 모 가도판사처 부주임과의 대화에서 조선족을 "선족"이라고 하기에 필자는 조선족을 "선족"으로 호칭하는 것은 틀렸다고 말해 주었다. 이에 상대가 말하기를 "본인도 원래 '조선족'이라고 호칭하였는데 조선족들이 '선족'이라고 자칭하는 것을 많이 듣고 자기도 모르게 '선족' 소리가 나간다"고 하였다. 사실 필자도 조선족 자신들이 "선족"이라고 호칭하는 것을 가끔 들었다.

여기서 보다시피 타민족의 입에서 조선족을 "선족"이라고 호칭한다고 무조건 반발하는 것보다 먼저 우리 자신이 "선족"이라고 호칭하지 말아야 한다.

우리가 항상 기억해야 할 것은 "선족"이란 호칭은 일본제국주의 식민지통치의 유물이며 일본침략자들이 우리 민족을 말살하고 비하하는 호칭이다. 이런 호칭을 우선 우리 머릿속에서 철저히 배제해 버려야 한다. 이래야만 조선족을 "선족"이라고 호칭하는 현상을 단절할 수 있으며 타민족이 "선족"이라고 호칭할 때도 그 잘못을 정정당당하게 지적할 수가 있다.

『조글로』, 2017.10.19.
http://www.zoglo.net/blog/read/zhengxinzhe/316898/0/0

# 도시우리말 교육에 관한 단상

언어와 문자는 민족을 구성하는 하나의 중요한 요소이다. 독일의 언어학자 윌헴은 "언어는 민족정신의 외부 체현과 같아 민족의 언어가 민족의 정신이고 민족의 정신이 민족의 언어로 우리는 이 두 개처럼 더 닮은 것을 상상할 수가 없다"고 말하였다.

이와 같이 민족의 언어는 민족의 정신과 아주 밀접한 관계를 갖고 있다. 그리고 언어와 문자에 의하여 민족의 역사가 기록되고 민족의 문화가 전승되고 있다.

이런 원인으로 우리는 언어 문자의 중요성을 아무리 높게 평가해도 과언이 아니다. 언어 문자의 이러한 중요성에 비해 현재 도시화 과정과 인구 이동에 의하여 우리 민족 사회가 더욱 흩어져가고 민족 언어 문자의 사용량은 날로 줄어들며 언어 문자를 모르는 후세들이 더욱 많이 생기고 있는 것이 현실이다. 그리고 우리 민족은 현재 농경민족에서 도시민족으로 탈바꿈하는 과정에 처해있으며 우리의 거주지역도 농촌에서 도시로 전환하고 있다.

하지만 도시의 거대성과 직업의 다양성으로 민족 성원들은 더욱 분산되어가고 있고 민족 문화토양은 날로 박약해지고 있으며 민족성 유지도 큰 도전에 직면하여 있다. 도시 민족 사회에서는 이러한 현실을 개편하기 위하여 민간단체를 만들고 주말 학교를 세우면서 많이 노력하고 있지만 아직도 많이 부족한 것 같다.

그럼 원래 민족적 기초가 박약한 도시에서 어떻게 민족성을 유지하고 민족 문화를 전승할 것인가? 그 해답을 도시에서 지속적으로 진행하는 우리말, 우리글 교육에서 찾을 수 있다. 개혁개방이전 조선족 인구의 대부분이 동북3성 및 내몽골자치구에 분포되어 있었다. 그때 조선족이 모여 사는 지역에는 조선족유치원, 소학교로부터 중학교까지 있어서 우리말, 우리글을 배우는데 별로 큰 어려움이 없었다.

하지만 개혁개방 이후, 특히 지난 1990년대 이후 많은 조선족들이 동북지역을 떠나 산해관 이남의 여러 도시 지역에 흩어져 살면서 조선족후대들이 우리말을 접촉할 수 있는 기회가 많이 적어지고 우리글을 배우는 기회는 더욱 희소해졌다.

이런 상황에서 국내 여러 도시들에 우리말, 우리글을 배워주는 주말학교들이 생겨났으며 비록 어려운 상황이지만 우리말, 우리글의 맥락을 이어가고 있는 상황이다. 도시우리말 교육이란 단어도 점차 조선족 사회의 하나의 중요한 주제어로 사람들의 시선에 자주 오르기 시작하였다.

우리말, 우리글은 우리 문화를 보존하고 전승하는 가장 중요한 수단이며 여기에는 또 수천 년 전해온 조상들의 지혜가 담겨져 있다. 만약 우리말을 모르면 우리 문화를 알 수 없고 우리 문화가 소실되면 우리 민족의 앞날을 운운할 수 없다.

도시에서 우리말 교육이 관심 받고 또한 주말 학교가 많이 세워져 있다는 사실은 우리말 교육의 중요성을 여실히 말해주고 있다. 민족 교육환경이 결핍한 산해관 이남 도시에서 주말 학교를 운영한다는 것은 쉬운 일이 아니다.

우선, 비록 주말 학교이지만 그 운영에는 일정한 명분이 있어야 하는데 현재까지 어느 부문에서 누가 책임지고 이러한 일을 담당하고 있는지도 명확하지 않다. 다음은 교육장소가 있어야 하는데 적당한 장소를 찾기가 여간 어려운 일이 아니다. 세 번째는 아이들을 가르칠 선생님들이 있어야 하는데 전직이 아닌 겸직으로밖에 할 수 없으므로 꾸준히 견지해나가기가 쉽지 않다. 그리고 마음같으면 우리 선생님들에게 수고비도 넉넉하게 주고 교실도 쾌적한 곳을 선택하면 좋겠지만 자금내원이 불안정하고 충족하지 못한 공익주말 학교의 입지로서 그냥 안타까울 따름이다.

보다시피 이러한 여건으로 도시에서의 우리말학교 운영은 어려울 수밖에 없다. 이런 어려움은 현재 주말 학교 운영에서 존재하는 주요한 문제들이지만 여기서는 단지 우리 자체의 문제, 즉 일부 주관적인 부분을 이야기하고자 한다.

하나는 우리 사회 구성원들의 광범위한 동원이 아직 부족하다. 정음 우리말학교를 운영하면서 우리 사회 구성원들의 지지와 지원을 많이 받아왔다. 어찌보면 이러한 지지와 지원이 있었기에 도시우리말 교육을 현재까지 꾸준히 유지해올 수 있다고 말할 수 있다.

하지만 어려운 사회 환경 속에서 도시우리말 교육을 좀 더 안정적으로 진행하려면 우리 사회 구성원들의 더 많은 참여와 지지가 필요하다. 그중 한 사례로 우리말학교 운영에서 제일 어려운 문제 중의 하나가 안정적인 장소가 없는 것이다. 이러한 장소문제를 해결하고자 필자는 몇 해 전에 복합적으로 사용할 수 있는 공동장소 마련 제안을 한 적이 있다.

그 이유는 현재 도시에서 조선족 민간단체들은 대부분 경우 장소를 임대하여 사용하고 있다. 한해 임대료를 모두 합하면 그 금액도 사실 적지 않을 것이라 생각한다. 그런 측면에서 여러 민간단체와 해당 회사들이 함께하여 조금 큰 공간을 선정하여 평상시는 각자 사용 또는 재임대를 하고 주말만은 우리말학교의 교실로 사용할 수 있도록 하면 장소문제로 항상 마음을 조일 일이 없다.

또 모두가 한 장소에 집결하게 되다보면 자연히 민족활동중심 역할을 할 수 있을 것이다. 다른 한면으로 현재 민족 사회에 관심을 갖고 항상 지지와 지원을 하고 있는 분들은 일정범위로 고정되어 있어 더 광범위한 동원과 참여가 부족한 것 같다.

즉 민족 사회를 관심하고 지지하는 분들은 상대적으로 그 범위내 고정된 분들이고 새롭게 동참하는 분들이 많지 않다. 이상과 같이 민족 사회건설과 문제해결에 우리 사회 구성원들의 참여와 지지가 결핍한 상황을 보면 민족 사회내의 광범위한 동원이 아직 부족함을 깊이 느끼게 된다.

두 번째는 학교운영에도 문제가 있다. 정음우리말학교 조직구조를 보면 운영위원회, 학부모위원회, 후원이사회 등으로 구성되어 있다. 하지만 운영위원회는 한 학기에 겨우 한 번 모이고 학부모회의 활동도 뚜렷하지 않으며 후원이사회는 단지 자금을 지원하는 것으로 생각하고 있다.

여기에는 주말 학교란 성격상 한계와 일정한 여건이 구비되지 않은 점도 있겠지만 결과적으로 보면 그 운영과 역할이 아직 제 궤도에 잘 들어서지 않았다는 것을 말하고 있다. 물론 주요 책임자, 특히 교장 역할을 잘 수행하지 못한 것을 제일 큰 원인으로 꼽을 수 있다.

세 번째는 학부모들의 의식도 바꿀 필요가 있다고 본다. 어린 아이들이 주말 학교에 와서 우리말을 배우는 것은 그 본인의 의사보다 부모들의 생각이 더 중요한 것이다. 그래서 학교 측은 항상 학부모들에게 감사한 마음으로 기타 요구사항들을 되도록 삼가하였다. 하지만 우리말 교육은 단지 아이들에게 우리말, 우리글만 배워주는 것이 아니고 아이들이 함께 만나고 소통하는 과정을 통하여 민족의 정서감을 키우고 정체성을 확립하는 데 더 큰 의미가 있지 않을까 생각한다.

이러한 맥락에서 보면 학교에서 조직하는 활동들도 그 과정의 중요한 일환으로 된다. 학교에서는 아이들의 과중한 과외부담을 감안하여 한 학기에 기껏해야 한두 차례 활동을 조직하고 지금까지는 꼭 참가해야 한다고 강요하지 않았다. 아마 이것이 학부모들로 하여금 학교에서 조직하는 활동은 참가해도 되고 참가하지 않아도 괜찮다는 생각을 하게하고 학교활동에 호응도가 높지 않은 현상을 초래하지 않았는가 생각한다.

학교에서 원활한 활동전개를 위하여 사전기획과 준비에 많은 신경과 시간, 정력을 할애하였는데 참여하는 학생이 적어서 무산되는 경우 조직자와 어린이들에게 큰 실망을 안겨주게 된다. 학교에서 조직하는 관련 활동들은 이익을 창출하자고 하는 것이 아니고 다만 아이들에게 더 많은 민족적 체험을 주기 위해서이기 때문에 학교에서 조직하는 활동에 더 많은 학부모들의 지지와 동참이 필요하다. 이외에도 도시우리말 교육을 지속적으로 잘 추진해나가려면 민족 사회 구성원들의 합심, 도시우리말 교육에 대한 인식도 증강, 도시우리말 교육장소 확보, 해당 정부부문과의 적극적인 소통을 통한 정규적인 민족학교의 설립 등 풀어야 할 숙제들이 적지 않다.

『중국민족』 조선문판, 2020.8.16.

https://mp.weixin.qq.com/s/UbmZe3buni8WarJh0hzvOA

# 어려울수록 더 강해져야…

요즘 항간에서 민족 교육 및 민족 언어 문자 사용에 관한 말들이 많이 돌고 있다. 예컨대 조선족 학교에도 한어 과목을 '어문'이란 통일 교재로 대체하고 수업 언어도 한어로 한다든가, 조선어를 선택 과목으로 하고 대학입시시험에서 조선어 과목이 배제된다든가, 또 이번 대학 입시 조선어시험지 채점은 예전과 다른 방식으로 대체하여 점수가 상상밖에 낮아졌다는 등등 들어보면 모두 우리가 안일하게 받아들일 말들이 아니었다.

사실 여하를 불문하고 이러한 풍문들은 우리 사회에 큰 충격을 주었으며 동시에 많은 혼란을 초래하고 있다. 특히 자녀가 중소학교 입학에 당면한 가정에서는 만약 현유의 정책이 변하게 되면 아이들을 아예 한족 학교에 보내려는 경향 또한 아주 심한 것 같다. 이에 따라 원래 학생 내원 격감으로 어렵게 운영하고 있는 조선족 학교들이 설상가상으로 더욱 어려운 경지에 처할 수밖에 없을 것이다.

떠도는 말 완전히 믿을 바가 안 되지만 불 때지 않은 곳에 연기 나랴

하듯이 꼭 무슨 변동은 있을 듯싶다. 때문에 우리는 상기의 문제들을 중요시하는 동시에 현실을 직시하고 새로운 변화에 대응하는 대책들을 마련하는데 더 신경을 써야 하지 않을까 하고 생각해 본다.

하나는 상황 파악을 잘 하고 정확한 이해를 가져야 한다.

요해에 의하면 위의 여러 사항에 관하여 해당 부문의 정책문건 등은 아직 전달되지 않은 걸로 알고 있다. 구두로 전달했다는 말은 있으나 아직 지켜봐야 할 것이다.

이럴 때 우리는 더욱 침착하게 인내를 갖고 상황 판단을 잘하고 형세 흐름을 정확히 이해하는 동시에 민족 사회에 혼란이 없도록 나타나는 경향들을 깊이 주목하고 이에 대응할 준비를 빨리 갖추어야 할 것이다.

두 번째는 우리가 반성해야 할 일도 있다.

사실 이중언어 교육은 우리가 잘 하고 있다. 오히려 너무 과분할 정도로 활용했는지도 모른다. 한 가지 사실을 말하면 대학입시의 조선어 시험에서 과거 우리학생들이 많은 득을 보았다고 할 수 있다. 채점인이 조선족으로 모어에 대한 이해가 넓을 뿐만 아니라 좀 헐하게 채점하는 경향도 없지 않을 것이다. 이것은 민족정책 및 우리 특수성에서 기인되었다고 보나 여하튼 득을 본 것은 사실이었다.

그런데 이번에는 점수가 보편적으로 예전보다 몇십 점 낮아진 것을 보면 판국이 과거와 달리 많이 바뀌었다는 것을 감지할 수 있다. 가령 조선어가 모어 아닌 기타 민족 사람들이 채점하였다면 결과는 꼭 이럴 것이고 또 이에 따른 문제들도 많을 것이다.

이와 같이 예전에는 대학입시에서 혜택과 일부 조건사항들이 조선족입시생들에게 많은 도움이 되었다면 현재는 그 혜택 등이 점차 약화 또는 말소되어가고 있는 것 또한 사실인 것 같다.

때문에 우리는 과거를 반성하면서 의외의 득을 볼 생각 말고 선생님들은 참답게 가르치고 학생들은 열심히 공부하여 실제 능력으로 대학입시에 대응하고 명실이 부합된 민족인재로 커가는 것이 중요하다.

세 번째는 우리말 교육에 더 신경을 써야 할 것이다.

현재 동북 집거지역 중소학교의 조선족 학생 가운데 조선족 학교에 다니는 숫자와 한족 학교에 다니는 숫자가 비슷하다고 한다. 이러한 상황 속에 만약 조선족 학교에서 우리언어와 문자의 사용이 점차 줄어들고 대학입시에서 조선어의 위치가 하락된다면 조선족 아이들이 한족 학교에 가는 현상이 더 많아질 수도 있다. 바꿔 말하면 이러한 현상에 따라 우리말을 모르고 자라는 새 일대들이 더 많아질 것이다. 때문에 우리말 교육의 필요성을 더 적실하게 느낄 수밖에 없다.

현재 우리 민족 사회는 많은 어려움을 맞고 있다. 이동과 더불어 민족 인구는 더욱 분산되고 도시의 망망한 인해 속에 민족의 그림자는 더욱 희미해지고 있으며 민족 언어 문자를 포함한 민족 문화기반은 더욱 좁아지고 있다.

이것은 지금 민족 사회가 직면한 현실이다. 이러한 현실 앞에서 우리가 만약 완전히 방임하고 포기하면 민족의 입지는 더욱 어려워질 수밖에 없다. 그리고 우리에게 제일 중요한 특징으로 남아있는 언어와 문자마저 잃게 되면 민족이라고 운운할 수 없는 경지에 빠지고 말 것이다.

때문에 우리는 어려울수록 마음을 다잡고 어떻게 하면 더욱 지혜롭고 영활하게 당과 국가의 정확한 민족정책을 착실히 관철 집행하면서 민족사업을 더 잘 추진할 수 있는가에 고심해야 할 것이다.

현재 우리가 해야 할 일은 많으나 먼저 선후차례를 확정하고 중요한 사항부터 하나하나 풀어나가는 것이 더 책략적이고 효율적이 아니겠는가?

그럼 먼저 해야 할 일은 민족 사회를 동원하는 것이다.

현재 우리 민족가운데 학자, 전문가, 과학자, 기업인 등이 많이 있다. 이들을 모두 합치면 무궁무진한 힘이 될 것이지만 아직은 민족 사회건설에 모두 동원되어 있지 않다. 특정한 사회 환경 속에 어렵기는 하지만 동원을 하지 않으면 힘이 커질 수 없고 민족 사회의 순탄한 발전을 이룰 수 없을 것이다.

다음은 우리말 교육에 더 많은 심혈을 기울려야 할 것이다.

우리말, 우리글의 사용 환경은 날로 어려워지고 있으나 우리에게 제일 중요한 특징의 하나인 언어 문자는 잃을 수 없다. 전통적인 집거지는 물론이고 현재는 산해관 이남 지역의 우리말 교육에도 많은 신경을 써야 할 것이다. 산해관 이남 지역에서 공식적인 민족학교를 설립 못하면 주말 학교라도 많이 설립해 그 지역에 자라고 있는 우리 아이들에게 우리말, 우리글을 배워줘야 할 것이다.

그리고 전통집거지에서도 주말 학교를 만들어 한족 학교에 다니는 조선족 학생 상대로 우리말 교육을 진행하는 것도 아주 중요한 일이다. 주말에 한 번씩 하는 수업에서 우리말을 많이 배우지는 못 하지만 이것은 우리 아이들이 서로 만나서 같이 우리말을 배우고 같이 민족 문화체험을 하는 등 중요한 과정으로 우리아이에게 있어서 민족적 정감을 키우고 정체성을 확립하는 중요한 계기가 될 것이다.

그 다음은 힘을 합쳐 민족 문화중심 건설을 다그쳐야 한다.

이동과 더불어 민족 인구가 널리 분산되었다고 하지만 우리 민족이 있는 곳에서 민간단체들이 많이 세워져 있다. 이러한 민간단체들은 성격상 부동으로 제 각기 활동을 전개하고 있지만 만약 여러 민간단체들이 민족공동체의식을 갖고 모두 단합하고 힘을 합쳐서 하나의 공유사용 장소를 마련하여 주말 우리말학교를 운영하고 단체 활동을 전개하게 된다면 이 곳이 자연적으로 그 지역의 민족 문화중심역할을 담당할 수 있는 곳으로 될 수 있다. 관건은 우리 사회성원들을 동원하여 민족적 대명분하에 힘을 모아 추진하는 것이다.

사회 발전과 도시화 과정이 빨라짐에 따라 원래 소수에 속한 민족 인구는 더욱 분산되고 민족 문화는 더욱 약화돼가고 있다. 이러한 도전 앞에서 만약 우리가 민족 사회 발전에 무관심하고 각자 나름대로 나아간다면 우리 민족의 앞날은 있을 수가 없다.

민족 발전은 크고 작은 일들이 모여서 이루어진다. 따라서 우리는 민족적 허무주의를 타파하고 민족 정체성을 보존하고 이어가기 위하여 힘을 합쳐야 한다. 그리고 민족 사회성원들을 광범위하게 동원하여 앞에 놓여있는 난제들을 하나하나 해결해 나아감으로 민족의 근저가 흔들리지 않고 지속적으로 발전할 수 있도록 노력하여야 한다.

우리는 어려울수록 더욱 강해져야 한다. 우리 민족은 과거 그 어려운 시기에도 힘을 모아 학교를 꾸리고 문화를 전승하여 왔는바 지금은 당과 국가의 민족평등, 민족 문화 발전 등에 관한 정확한 정책과 조치가 있기에 당면한 곤난을 더욱 잘 이겨나갈 것이라고 믿는 바이다.

『연해뉴스』海岸線文化藝術傳播, 2020.9.18.

# 도시우리말학교협의회 설립 5주년
# 기념사진책을 내면서

2015년 8월 도시우리말학교협의회 설립 및 교사연수회가 북경에서 개최되었습니다. 이것은 전에 없는 민족사업의 하나로 우리에게는 새로운 도전이었고 새로운 시작이었습니다. 그 당시 어떻게 하면 협의회를 잘 운영하고 교사연수를 지속적이고도 더욱 효과 있게 이어갈 것인가에 대하여 그리 명확하지 않았습니다.

하지만 여러 도시 우리말학교 책임자 및 교사들의 적극적인 참여와 사회 각 분야 인사들의 지지 하에 도시우리말학교협의회는 점차 성장하였고 우리말학교도 더 많이 생겼으며 교사연수회도 해마다 진행하면서 지금까지 달려왔습니다.

이 동안 우리는 북경, 위해, 광주, 대련, 연변 등 지역에 모여서 도시 우리말 교육에 관하여 진지하게 고민하고 탐색하였습니다. 이 5년, 지나간 시간들을 되돌아보면 아주 빠른 것 같지만 한해, 한해 교사연수회를 조직하고 실행하는 과정을 돌이켜보면 그리 쉬운 일은 아니었습니다. 하지만 우리는 해내였습니다. 이럴 때 우리 자신들이 대견해 보이지 않습니까? 참 흐뭇하고 대견하지요!

도시우리말 교육이 날로 화제가 된 계기는 개혁개방 이후 신속한 도시화 과정에서 우리 민족 사회의 중심이 농촌에서 도시로, 농경에서 공상업으로 점차 전환하면서 생활터전도 도시로 변해가고 있기 때문입니다. 특히 현재 몇십만 명의 조선족이 분포되어 있는 산해관 이남지역은 원래 우리 민족 인구가 적은 곳으로 민족 문화기반도 아주 약한 곳이었습니다. 이러한 곳에서 우리 문화를 지키고 전승하려면 우리말 교육이 꼭 필요한 것입니다. 때문에 여러 도시에 우리말 교육기구들이 설립되기 시작하였고 지금은 확대되어가는 추세를 보이고 있습니다.

물론 도시에서 주말 우리말학교를 세우고 운영하는데는 많은 한계가 있습니다. 현지 해당 기관의 정책적 지지와 경제적 지원이 없기 때문에 명분도 없고 교육장소, 운영자금, 교원초빙 등 여러 면에서 많은 어려움을 겪고 있습니다. 하지만 우리는 앉아 기다릴 수는 없습니다. 자칫하면 도시에서 민족 문화를 잃을 수 있기 때문입니다. 우리는 아무리 어렵다 해도 도시에서 자라나고 있는 세대들에게 우리말, 우리글교육을 받을 수 있는 여건을 마련해 주어야 합니다.

우리말, 우리글은 우리 문화를 보존하고 전승하는 제일 중요한 수단이며 여기에는 수천 년 전해온 조상들의 지혜가 담겨있습니다. 도시에서 우리말 교육이 주목되고 또한 주말 우리말학교가 많이 세워져가고 있는 사실은 우리말 교육의 중요성과 필요성을 말해주고 있습니다.

언어 문자는 민족 문화의 중요한 구성부분이고 민족 문화의 중요한 표현형식이기도 합니다. 18세기 독일의 시인이자 철학가인 Herder는 언어는 "민족 문화유산 가운데 제일 특수한 요소"이고 민족군체 각자의 존재의식을 불러일으키며 또 이런 의식을 지속적으로 존재하게하면서 이것으로 기타 군체와 구별한다고 말하는 동시에 "언어가 없으며 민족도 존재하지 않는다"고 강조하였습니다. 이와 같이 언어 문자를 잃으면 민족을 잃는 것과 같다고 할 수 있습니다.

도시우리말학교협의회는 도시 지역 우리말학교사이 교류와 협력을 도모하고 도시우리말 교육을 추진하는 하나의 중요한 플랫폼입니다. 우리는 이 플랫폼을 활용하여 지역별 우리말학교 간의 교류를 지속적으로 진행하고 공동의 과제, 예컨대 우리말 교육의 정책여건 마련에 대한 토론, 통일적인 교사연수와 교재개발, 전국성적인 민족 문화체험 캠프와 이야기대회 등을 조직하고 주최해야 합니다. 그리고 여러 도시에서 주말 학교기초로 그 지역 민족 사회의 힘을 합쳐 민족 문화 활동 중심을 조성하는데도 우리의 역할을 해야 할 것입니다.

현재까지 도시우리말학교협의회는 여건상 제한으로 교사연수밖에 다른 활동을 많이 추진하지 못 하였습니다. 하지만 협의회가 명실이 부합된 플랫폼역할을 담당하자면 위의 일들을 하나하나 효과 있게 추진하여야 합니다.

이러한 목적달성을 위하여 우리는 먼저 각 도시 민족 사회를 광범하게 동원하여 모두가 도시우리말 교육을 둘러싼 민족 문화보존과 전승을 중요시하면서 적극적으로 동참하고 지지하도록 동원하여야 하며, 두 번째는 각 지역 주말 학교가 단합하고 책임자과 선생님들 모두가 더욱 힘

있게 우리말 교육을 추진하여야 하며, 세 번째는 주말 학교마다 후원이사회설립을 추진하고 도시우리말협의회도 후원이사회를 설립하여 위의 일들을 실행할 수 있는 필요한 자금을 마련해야 합니다.

이번 한해는 코로나19의 침해로 많이 어려웠습니다. 그래서 원래 계획한 상해연수회를 미루고 오늘에야 진황도에서 개최하게 되었습니다. 여기에는 아래의 사연이 있습니다.

진황도 지역은 민족역사과정에 깊은 표적을 남긴 곳입니다. 여기 "박씨마을" 사람들의 선조들은 17세기 중엽쯤 이곳에 뿌리를 내렸는바 이미 400여 년이란 시간이 흘렀습니다. 이제 가 보면 아시겠지만 현재 이곳에는 우리 민족의 흔적을 거의 볼 수가 없습니다. 그리고 많이 초라해 보일 것입니다. 어떻게 보면 우리 민족 사회에서 소외된 곳입니다. 하지만 아무리 적막하고 초라하여도 중국 조선족역사의 중요한 한 페이지가 되는 이 곳을 잊어서는 안 됩니다. 이러한 의미에서 우리가 여기서 우리말 교육을 주제로 한 교사연수회를 개최하는 것도 아주 중요하다고 봅니다.

그리고 이번 교사연수회는 협의회 설립 5주년 기념대회로서 처음으로 우수교사를 선정하여 장려하게 됩니다. 이 것 또한 새로운 계기로 여건이 되는 데로 정기적으로 진행할 예정입니다.

끝으로 이번 교사연수회의 성공적인 개최를 미리 축원하고 우리 모두 도시우리말 교육을 위하여 더욱 노력하였으면 하는 바람입니다.

2020.10.2.

# 단지 "조선족"이다는 집념으로…
## —하북성 청룡현 탑구(塔溝) "박씨마을"을 찾아서

조선족 하면 동북3성과 내몽골에 집중거주 하였거나 또는 개혁개방 이후에 동북에서 산해관 이남으로 많이 이동분포되어 있는 걸로 모두 알고 있지만 하북성 청룡만족자치현의 어느 시골에 "박씨마을"이 있다는 것은 거의 모르고 있을 것이다. 이 곳 "박씨마을"은 예전에 일부학자 및 기자들이 왔다 간 이외 우리 사회에 많이 소외된 곳으로 어떻게 보면 우리 사회의 사각지대라고 볼 수 있다. 하지만 "박씨마을"은 중국 조선족 역사 과정에서 하나의 중요한 표적지로 남아있는 곳으로 우리에게 있어서 아주 중요한 존재라고 할 수 있다.

그 역사를 간략히 말하면 아래와 같다. 명나라 말기 동북에 분포되어 있는 여진족의 한 갈래인 누울하치가 점차 세력을 키워 내부를 통일한 후 후금정권을 건립하였다. 이후 후금은 계속 세력을 확장하여 명나라와 대항하고 조선 왕조를 침입하여 많은 조선 사람들을 포로로 납치해서 만족귀족들에게 배분해주고 만주8기군에 편입하기도 하였다.

1636년 후금정권이 국호를 "대청"으로 개칭하고 전국을 통일하기 위하여 1644년에는 산해관 이남으로 진출하였고 수도를 북경으로 옮겼다. 이때 만족귀족과 8기군을 따라 많은 조선 사람들이 산해관을 넘어 북경지역에 왔다가 다시 돌아가는 사람도 있고 북경근처, 하북승덕, 청룡등 지역에 남은 사람들도 있었다. 이들 가운데 청룡의 "박씨마을" 선조들이 포함되었는바 지금으로부터 약 400년이 된다.

이와 같이 "박씨마을" 선조들은 중국 조선족 역사의 시초와 연결되었고 "박씨마을"도 우리 역사에 있어서 아주 중요한 흔적이 남아 있는 곳으로 되었다. 물론 수백 년의 시간이 흘러 이곳 박씨사람들은 점차 현지에 동화되고 만족 또는 한족으로 되어있었으나 박씨 성, 선조가 조선인이라는 것만은 잊지 않고 대대로 전해왔다. 이후 신중국이 건립되고 민족평등정책의 혜택 하에 가슴속에만 남아있던 민족의식이 되살아나서 1964년부터 민족성분을 조선족으로 고치기 시작하였고 1980년대 말기 청룡현 소속의 몇개 마을에는 수백 명의 조선족이 생활하고 있었다.

청룡현의 "박씨마을"에 관하여 1980년대 말 이후 일부 학자와 기자들이 이곳을 다녀갔고 연변대학 역사학부 석사연구생들이 현지조사를 한 적이 있다. 하지만 이것은 어디까지나 신문기사와 학술연구에 제한되었고 "박씨마을"에 대한 우리 사회의 관심은 거의 없었다. 어떻게 보면 너무 등한시하였다고도 볼 수 있다. 필자 역시 오래전부터 한번 가본다는 것이 미루어져 이번에 처음으로 가보게 되었다.

2020년 10월 3일 도시우리말학교협의회 제6회 교사연수회가 진황도에서 개최하는 계기로 회의참석자 전체가 "박씨마을"을 찾아갔다. 우리가 간 마을은 팔도하진 탑구촌으로 박씨가족이 제일 많이 사는 마을이었다. 탑구촌은 기타 농촌지역과 별반차이가 없는 산골마을으로 예전에는 외계와의 연계도 많지 않은 곳이었다. 이런 곳에 우리 민족이 살고 있다는 것은 만약 사전에 일정한 이해가 없으면 상상할 수도 없을 것이다.

우리는 이 마을에서 조선족 마을의 분위기를 느끼지 못 하였고 박씨사람들에게도 우리 민족의 흔적을 거의 볼 수가 없었다. 하지만 이들은 이곳에서 단지 "조선족"이다라는 집념으로 지금까지 온 것 같다. 필자는 마을에서 태어난 69세 노인 및 그 자녀들과 대화를 하는 가운데서 그들 자신이 조선족이라는 의식만은 아주깊이 간직하고 있다는 것을 느낄 수 있었다. 그리고 김치랑 된장같은 것을 좋아하고 한복도 한번 입어보았으면 하는 바람이 있는 것을 보면 역시 같은 민족의 피는 속이지 못한다는 느낌이 강하였다.

이번 탐방에 시간은 많지 않았지만 박씨가족 사람들은 우리를 열정적으로 대해 주었고 대화도 많이 나누었으며 우리가 가져간 한복을 입은 부녀들과 아이들의 얼굴엔 기쁨이 역력하였다. 그리고 우리가 이동중에 마을사람들이 호기심차서 누구냐고 묻기도 하였는데 박씨사람들은 아주 자연스럽게 친척들이라고 답하였다. 이때 우리는 아주 감동을 먹었고 한편 소외된 그들의 마음 오죽했을까하는 착잡한 마음도 없지 않았다.

지금까지 조선족 사회의 단체행위로 박씨마을을 찾아간 것은 이번이 처음이었다. 그리고 사전준비는 좀 있었지만 마을에 대한 이해는 아주 적었다. 현재 탑구촌은 도로가 마을을 지나고 외부와의 연계도 많아

보였으나 마을 면모는 산골마을의 모습을 벗어나지 못한 것 같고 박씨 사람들의 생활도 그리 넉넉하지 않는 것 같다. 한때는 석탄부업으로 생활이 좀 좋아지기 하였다고 하지만 마을을 떠난 사람들도 많아졌다. 통계자료에 의하면 1980년대 말 이 마을의 박씨 성을 가진 조선족이 260여 명이 있었지만 현재는 20여 가구에 100명도 되지 않아 박씨마을 사람들이 점차 더 흩어져가고 있는 것이 지금의 실정이었다.

이번 걸음에서 이곳은 우리 민족 사회와 완전히 떨어져 있다는 느낌이 강하였다. 여기 박씨사람들의 신분은 조선족이지만 조선족 사회와 완전히 단절되어 있었고 조선족 농민들이 노무로 많이 가는 한국과도 전혀 연계가 없었다. 박씨마을 사람들은 민족 사회에서 잊혀진 존재이지만 조선족이라는 집념 속에서 지금까지 왔으니 참 대단스럽기도 하다. 그러나 계속 이런 상태라면 앞으로 어떻게 될지 상상이 가지 않는다.

우리 역사 과정에서 중요한 한 페이지를 장식하는 청룡현 박씨마을은 흐르는 세월속에, 그리고 민족 사회에 소외된 아픔속에서 점차 초라해지고 소실되어가고 있는 것 같다. 필자는 이렇게 호소하고 싶다. 박씨마을의 지난 일은 이미 지나갔고 기성세대들에 대한 도움도 필요 없는 것 같다. 지금부터라도 우리 모두 관심을 갖고 박씨마을 자라나는 세대들을 위하여 우리 사회에서 뭘 좀 할 수 없는지 심사숙고해 보았으면 한다.

『연해뉴스』, 海岸線文化藝術傳播 2020.10.9.
https://mp.weixin.qq.com/s/plL6HyvWl_g6h_A-qs7fCw

# 요동 조선족 사회를 돌아보다

2021년 7월 3일에서 6일까지 요동항전연구중심의 전정혁상무부주임과 우종렬 비서장의 안내 하에 요녕성 단동으로부터 관전, 환인, 신빈등 요동지역의 조선족 사회현지조사 및 항일유적지답사를 진행하였다. 약 1,300여 km의 노정을 거쳐 6일 오후 심양에 도착함으로 이번 요동지역현지조사는 마무리되었다. 요동지역은 이번이 처음이라 여러 지역을 돌면서 감회가 아주 깊었다. 그리고 가는 곳마다 관련인사들의 적극적인 협조와 지지를 받아 이번 걸음은 성공적이었다. 이 기회를 빌어 관련인사들에게 깊은 감사를 드린다.

### 2021년 7월 3일

2021년 7월 3일 북경을 떠나 심양에 가려고 기획했다. 호사다마라이미 구매를 해놓은 심양행 7월 3일 아침 7:55 항공편이 2일 오후에 와서 취소되었다는 연락이 와서 8:55 항공편으로 재주문을 하였는데 이튿날 아침 일어나보니 밤중에 또 취소되었다는 메시지를 보았다. 서비스가 참 엉망이었다. 약속은 이미 해 놓은지라 생각 끝에 고속철도를 타고 가기로 결정하고 8:52의 단동행 기차표를 사서 북경을 떠났다. 그래서 단동에 도착한 시간이 오후 1:48이고 기차역에서 마주나온 요동항전연구중심 전정혁 상무부주임과 우종렬 비서장과 합류했는바 시간적으로 원래 예상과 크게 충돌이 없었다.

그 길로 단동시조선족 문화관에 방문하여 려명애 관장, 단동시조선족중학교 문호 교장 등 해당인사들과 만나서 지역 조선족 사회에 대한 이야기를 많이 나누었다.

조선족 문화관은 민족 문화 홍보와 전승을 위하여 많은 활동을 진행하였다. 특히 민족의 무형문화재 전시와 신청에 많은 노력을 함으로 국가, 성, 시 등 여러 등급의 문화재신청에 성공을 하였다.

조선족중학교는 대부분 조선족중소학교처럼 학생내원이 급격히 감소되는 현실과 달리 아직 일정한 학생 수를 유지하고 있다. 그리고 현지 실제에 맞추어 단동조선족중학교 교육집단총교를 세워 지역 민족 교육의 유지와 발전을 위하여 노력하고 있다.

늦은 시간이라 할 이야기들을 끝맺고 점심, 저녁식사를 겸해서 한 후 일행은 단동시조선족 학교를 돌아보고 그 길로 목적지인 관전만족자치현 진강진 록강촌으로 향하였다. 날은 어둡고 비가 계속 내렸지만 일행은 부지런히 달려 밤 열시 반에 도착하였다.

아침에 일어나 압록강변을 따라 드라이브하였다. 날씨가 흐리고 소슬비가 가끔 내리기는 하였지만 안개 자욱한 산중턱, 깨끗한 압록강물 등은 그림같이 보였고 고요한 강변에서 신선한 공기를 만끽하면서 조국

변강의 아름다움에 감탄하기도 하였다.

록강촌은 예전에 이름이 없는 강촌으로 전통업은 농사와 어업이었다. 600여 가구에 2,000여 명 가운데 조선족생산대가 두 개 있었는데 1980년대 이후 많은 조선족들이 마을을 떠나 신빈일대로 많이 이사갔다고 한다. 현재 남은 조선족은 6가구밖에 되지 않았다.

촌장, 지부서기를 여러해 담임한 최명하 씨가 여러해 전에 현지의 유채꽃을 찍어 인터넷에 띄웠는데 이 계기로 마을이 널리 알려지고 많은 사람들이 이 곳을 찾아 되었으며 현재는 농가락(農家樂)와 민박을 중심으로 한 관광마을로 탈바꿈하였다. 그리고 촬영애호자들이 많이 찾아옴으로 하나의 촬영지로도 유명하게 되었고 일부 촬영관련단체들은 여기에 촬영기지 간판도 걸어 놓았다. 이와 같이 현재는 정보와 소식이 순식간에 폭 넓게 알려지는 시대로 어떤 일은 하는 사람도 상상하지 못할 정도로 아주 큰 효과를 초래하므로 생각과 하는 일이 아주 중요하다.

### 2021년 7월 4일

날씨가 약간 흐리기는 했지만 아침에 압록강변을 드라이브한 후 일행은 삼도만조선족민속촌으로 향하였다. 이 민속촌은 현지 한족이 경영하고 있는데 전체를 보면 하나의 축소판 민속촌으로 필요한 요소들은 다 있는 듯 하다. 하지만 사람들에게 주는 인상은 너무 상업적이어서 감각은 좋지 않았다. 입장료 30원인데 단지 조그만한 정원을 돌아보는 것이 고작이었고 소위 박물관을 보려면 30원을 더 내야했다. 그리고 주차장이 있는데 무조건 10원이고 영수증도 없는 상황이었다. 어떻게 보면 이러한 민속촌은 조선족의 이미지를 흐리게 할 수도 있다.

이후 환인만족자치현으로 가는 길에 항일영웅 리진룡장군 기념비, 항일애국지사를 많이 창출한 동창학교 로학강분교 유적 기념기, 당집오(唐聚五)의 요녕민중자위군 전투유적벽화, 항일명장 량세봉장군의 조각상 등을 참배하였고 동북수전 제1촌 기념비를 돌아보았으며 환인현성에서는 조선족소학교 교장이자 조선족판화(版畵)가인 최철해를 만나 그의 작품을 보았고 이호내(二戶來)촌에서는 홍씨 성을 가진 민간인이 꾸리고 있는 조선족민속관 물품 등을 견학하였다. 이외 가는 길에 훈강의 큰 굽이돌이 등 경치를 감상하기도 하였다.

위의 기념비들은 모두 조선족 사회 민간의 노력으로 세워진 것이다. 하지만 힘들게 세워진 기념비들이 차후 관리문제로 많은 어려움을 겪고 있는 것 같다. 길옆에 세워진 리진룡 장군비는 키 높은 풀들에 묻혀 있었고 노학당유적 기념비로 가는 길은 오솔길이었으며 동북수전제1촌기념비 옆에는 조화가 되지 않는 건물이 세워져 있는 등주위 환경은 모두 보기마저 민망할 정도로 초라하였다. 이외에 조선족판화가 작품과 개인 민속관을 보니 민간에 조선족가운데 능력이 있는 사람들도 적지 않다는 느끼면서 더욱 널리 홍보하는 것도 필요하다는 생각이 들었다.


**2021년 7월 5일**

전날 밤은 원래 환인현성에서 머물려고 계획했었는데 길을 되돌아가야 하기 때문에 바로 신빈만족자치현으로 왔어 밤을 보냈다.

아침밥을 먹은 후 현성에 위치한 항일영웅열사기념비를 찾아갔는데 기념비 뒤 우측에는 리홍광조각상이 세워져 있고 기념비뒷면에는 리동광, 한호 등 조선족 항일영웅들의 이름이 새겨져 있었다. 기념비 관리는 역시 어수선해 보였다.

이후 왕청문진의 동강연조선족촌에 가보았다. 이 촌은 원래 200여 가구에 800여 명이 있었는데 현재는 60여 명이 남아있었고 대부분 역시 노인들이었다. 이 촌은 그래도 생기를 보였는바 마을의 한 분이 많은 논을 경영하고 있으며 또 한 집은 작년에 20만원으로 집을 번듯이 지었으며 집 안은 아파트집 못지않았다. 그리고 나갔던 사람들이 조금씩 돌아오기 시작한다고 한다. 정말로 많은 조선족 마을에서 2~3명의 농사꾼이 나서서 마을논밭을 모두 다루면 그래도 그 마을은 살아남지 않을까 하고 생각하면서 우리 농민들 가운데서도 "새로운 농장주"들이 많이 나오기를 기대해 본다.

그리고 마을을 떠나 왕청문진에서 멀지 않은 왕청문열사릉원을 참배하였다. 여기에는 항일당시 중공 남만성위 책임자인 리동광 등 혁명열사들의 비석들이 진열되어 있었다. 열사릉원은 어느 정도 규모가 되어 있으나 길 어귀에는 안내판도 없고 다년간 손이 가지 않아 층계 앞에는 풀이 무성하였다. 어떻게 보면 이는 혁명선렬들에 대한 불손이라고도 할 수 있다.

열사릉원을 떠나 일행은 신빈진의 란기조선족촌으로 향하였다. 이 촌은 몇년간 민속촌 건설을 통하여 이미 일정한 규모의 민속촌으로 탈바꿈하였고 지금은 관련 전시품과 내용물을 보충하고 있는 것 같았다. 아직까지는 마을사람들이 잘 동원되지 못하고 기업이 입주하여 경영하고 있지만 많이 알리지고 마을사람들이 좀 돌아오면 이름 있는 민속촌으로 발전할 수도 있을 것 같다.

점심은 신빈현의 조선족간부들과 식사를 같이하면서 현지 조선족 사회에 관하여 많이 의론하기도 하였다. 오후는 신빈을 떠나 무순에 와서 아세아에서 제일 큰 노천탄광을 돌아보고 이미 폐광을 한 용풍탄광의 입구건물도 보았다. 이날 밤은 무순에서 묵었다.

## 2021년 7월 6일

아침 식사 후 무순시 서쪽에 자리 잡은 리석조선족촌에 갔다. 이 곳은1937년 좌우 조선족 농민들이 수전개척을 하면서 마을이 형성되기 시작하였고 1960년 리석채인민공사가 성립되면서 리석채조선족생산대대가 결성되어 지금의 리석조선족촌의 효시로 되었다. 개혁개방 전후에 촌에는 750여가구에 2,000명의 조선족이 살고 있었다. 도시 주변의 위치한 리석조선족촌은 도시개발과 더불어 농토는 층집으로 변하였고 농민들은 도시주민으로 되었다. 현재 촌사람들 가운데 연세있는 분들은 사회보험, 농업보험을 누리면서 생활하고 있고 젊은이들은 국외와 국내 큰 도시에 나가 일을 하고 있다.

돌이켜 보면 당시 농민들이 아파트에 입주하면서 조선족이 집거하는 아파트단지들이 나타날 수 있었겠지만 여러 원인으로 그렇지 못하고 현재는 마을사람들이 뿔뿔이 흩어져 살고 있다. 이러한 정경은 민족 정체성과 민족 문화의 신속한 약화를 초래하였다. 지금에 와서 모여서 생활하지 못 하더라고 문화적으로나마 민족적 유대감을 갖도록 조선족복

무중심과 조선족 문화 활동중심을 설립하려고 노력했지만 아직 그렇다는 결과는 없다고 한다.

이와 같이 조선족이 집거한 우리 농촌 마을이 전환기에서 어떻게 민족특색을 전승할 것인가에 대하여 아직 해결하지 못한 문제들이 많다. 리석조선족촌도 역시 민족 사회건설의 새로운 모델이 되지 못하였다.

오후 무순을 떠나 심양에 와서 제2차 세계대전기간 일본군의 동맹군포로영 유적지를 돌아보았다. 이 포로영에는 동남아에서 포로한 영, 미군 포로들이 갇혀있었다고 한다.

☆ ☆ ☆

이로서 요동 지역 조선족 사회와 농촌 및 혁명유적지탐사를 끝마치고 8일 북경으로 돌아왔다. 이번 걸음은 짧은 시간에 많은 지역을 다니는 말 타고 꽃구경하는 식이지만 많은 감촉을 받았다.

하나는 지역적으로 볼 때 관전은 단동에 속하고 환인은 본계에 속하며 신빈은 무순에 속하므로 광범성을 띠였고 모두 처음가는 곳들이라 그 지역에 대한 인상을 깊게 남기였다. 그리고 지역마다 다능한 인사들이 있는데 아직 홍보가 많이 되지 않았으므로 그들에 대한 발굴과 홍보가 아주 필요하다고 생각된다.

두 번째는 돌아본 조선족 농촌들의 기본상황은 기타지역과 크게 다르지 않았으며 그 부류를 나눈다면 거의 생기가 없은 마을, 생기가 보이는 마을 및 진취적인 마을 등이 있는데 결과적으로 보면 촌책임자의 책임과 목적의식이 명확하면 그 마을은 생기가 있고 희망 있다고 할 수 있다. 그리고 사회 각계의 동원과 노력 하에 조선족 농민들 가운데 "농장주"가 많이 나오면 우리 농촌은 그래도 튼튼히 살아남아 있을수 있다. 나라의 많은 농업정책혜택을 잘 활용하고 신심을 갖고 농사를 지어면 진정한 "농장주"가 되는 것은 시간문제일 따름이다.

셋째는 다년 이래 민간에서 많은 힘을 동원하여 어렵게 세운고 만든 기념비, 정자 등이 많아지고 있지만 차후 유지관리문제가 심각해 보인다. "홍색교육"의 명의로 정부 해당기관에 호소하여 이러한 혁명유적지들을 잘 관리할뿐만 아니라 현지 애국주의교육기지로 조성하도록 노력하여야 할 것이다. 그리고 가능한 것은 많은 기념비들은 현지정부와 같이 세웠으므로 소통을 잘 하면 성사할 수 있다고 본다. 이외 정부과 민간을 동원하여 관련 유적지 발굴에도 힘을 기울였으면 하는 기대도 해본다.

네 번째는 조선족민속촌이 여러 곳에 있는데 거의 촌사람들의 참여가 없고 밖에 사람들이 경영하는데 어떻게 보면 우리의 좋은 자원과 기회를 너무 쉽게 우리 사회와 관련없는 사람들에게 넘겨주는 것 같기도 하다.

끝으로 이번 걸음에 많은 협조와 지지를 주시 관련자 여러분께 다시한번 깊은 감사를 드리며 하시는 일 모두 성사되시기를 기원합니다!

월드조선족 黑龙江新闻 7月 15日,
https://mp.weixin.qq.com/s/B9h6DH1py77k07Dv-YF88Q

# 연변을 다녀오다

　얼마 전에 연변을 다녀왔다. 필자는 1990년대에 들어서 현지조사.
세미나참석 등으로 연변을 거의 해마다 다녀왔고 어떤 해에는 두세 번
다녀왔지만 이번처럼 어떤 행사로 3주내에 두 번이나 가기는 처음이었
다. 그 때문에 감회가 깊어졌는지 아니면 행사가 감동을 주었는지 판단
이 어려울 정도로 나에게 깊은 감명을 주었고 많은 추억을 남길 수 있는
연변행이였다.

　이번에 연변 가서 참석한 행사의 하나는 연변주청소년문화예술발전
촉진회(회장 박규언) 등이 주최한 "제4회 중국 조선족어린이 언어경연"
대회이고 또 하나는 연변조선언어문화진흥회(회장 김정일)가 주최한 진
흥회설립 4주년 기념행사로 다양한 민족 문화 활동들이 포함되었다. 코
로나가 간혹 이곳에서, 저곳에서 돌발하는 이 시기 꽤나 어려움 걸음이
었으나 잘 갔었고 행사는 아주 의미 있었다고 생각이 된다.

　여기서 먼저 위의 두 개 행사를 간략히 소개하자면 "언어경연"은 연
변조선족자치주 "조선언어 문자의 날" 설립의 특별기념행사로 2018년

부터 해마다 진행하는 조선족어린이들의 우리말이야기대회이다. 시작때는 연변지역 중심으로 진행하였지만 이번 같은 경우에는 연변지역이외 산거지역의 조선족어린이들이, 특히 산해관을 넘어 북경, 연태, 더 멀리는 광동성 동관시 등 도시조선어주말 학교 어린이들까지 대거 참여하여 그 의미가 더욱 깊었다.

진흥회의 이번 행사는 설립4주년 기념활동으로 훈춘시 밀강향 중강자촌에서 진행하였는바 여러 가지 뜻 깊은 일 가운데 하나는 도시와 농촌을 잇는 문화향연으로 저명한 교수, 작곡가가 작사, 작곡한 중강자촌 촌가를 연변가문단의 저명가수가 현장에서 불러 깊은 반응을 자아냈다. 그리고 연변사투리 퀴즈맞추기 등 다양한 활동을 조직하여 인가가 날로 감소돼가는 우리 농촌에서 농후한 민족 문화의 분위기를 조성하여 촌민들과 참석자들의 호평을 받기도 하였다.

이처럼 민족 문화전승이 날로 약화되고 민족 언어 문자의 장악과 사용이 더욱 축소되는 어려운 시기에 민족 언어와 문화를 유지하고 이어가려는 노력이 마음에 닿아왔으며 더 많은 사람들이 가담하여 함께 해결하였으면 하는 바람도 깊었다.

아시다시피 현재 우리 민족 사회는 격변의 시기를 맞고 있다. 도시화 과정의 가속화와 더불어 발 빠른 우리 사회는 기타 민족들이 비교도 안될 정도로 도시 진출과 해외이동에 앞서고 있다. 따라서 우리는 사회 발전이 가져다 준 혜택을 먼저 향수하는 동시에 발전도상의 어려움과 고통도 기타 민족 앞서 겪지 않으면 안되었다. 민족 인구의 분산화, 우리 농촌의 황폐화, 민족 교육토대의 약화, 민족 문화전승의 무력화 등은 민족 "위기설"이 돌 정도로 우리 사회성원들의 우려를 자아내고 있다.

다른 한면 우리 사회가 당면한 문제에 대응하여 많은 민족 성원들이 여러 방법을 강구하고 힘써 노력하며 해결하려는 모습도 보이고 있다. 특히 위와 같이 민간단체가 주최되어 조직하는 문화행사들이 앞으로 우리 문화와 언어 문자를 이어가는 중요한 플랫폼이 되지 않을까 생각한다.

민족은 오랜 역사과정에서 형성된 하나의 인간집단으로 그 주축은 민간성에 있다고 할 수 있다. 역사적 경험을 볼 때 어떤 시기, 어떤 집권자가 물리적 힘으로 민족성발전을 어느 정도 저지하고 말살할 수 있었으나 만약 민간 속에서 민족성을 잃지않고 유지한다면 그 민족은 어디까지나 살아남을 것이다.

민간속의 민족성에는 광범한 대중 속에 전해오는 공동의 전통민속, 대중이 사용하는 공동의 언어 문자, 그리고 오랜 물질적 생활과 정신적 생활에서 키운 공동의 귀속감 등등을 들수 있다. 이러한 요소들이 시간의 흐름과 달리 민간 속에 지속적으로 남아 있는데는 민간의 갖은 생활을 바탕으로 하였기 때문이다.

민간 활동은 어디까지나 민간단체들이 주체가 되어 추진하여야만 효과적이고 지속적으로 진행할 수 있다. 현재 우리 사회에는 민간단체들의 활동이 적지 않다. 민간단체가운데 해당규정에 따라 정식 등록한 단체도 있지만 더 많은 것은 자원적으로 구성한 소위"풀뿌리 단체"들이다. 이러한 단체들은 정식등록여하를 막론하고 현재 우리가 처한 객관적 환경과 민족 내부의 격변에 대응하여 민족성을 유지하는데 큰 역할을 하고 있다.

예컨대 위에 언급한 정기적인 "언어경연대회"는 조선족어린이들이 우리말, 우리글을 배우고 사랑하는 중요한 플랫폼으로 될 수 있고 조선족언어문화진흥회의 "우리언어문화 우리 함께 지켜 나가세"란 주제로 진행한 행사는 점점 희미해지고 있는 우리 농촌의 민족 문화분위기를 확장하는 중요한 계기로 될 수 있다. 이외 여러 지역의 민간단체들도 민족색채가 깊은 의미있는 활동을 통하여 민족의 얼을 지키고 민족 문화를 이어가는데 많은 기여를 하고 있다.

민간단체는 그 말대로 민간인들의 모임으로 그 대중성 성격은 많은 사람들을 동참시킬 수 있고 영활성이 많고 행정적 제한이 적어 일반적으로 하고자 하는 일을 뜻대로 진행할 수가 있다. 민간단체가 띤 이러한 우세로 앞으로 우리 문화전승과 언어 문자보급에 민간단체들의 역할이 더욱 중요하지 않을까 생각된다.

이러한 맥락에서 필자는 우리 문화살리기 행사에 참석할 수 있다는 것이 행운이라고 생각되였고 이 느낌을 민족 사회에 더 많이 알리려는 충동에 이 글을 쓰게 되었다.

해안선뉴스, 海岸線文化藝術傳播 9月29日,
https://mp.weixin.qq.com/s/LguSy8xQnt6FDc9OlivuMw

# 문화가 살아야 민족이 남는다
## ― 단동시 조선족 사회의 활약상을 보고

원래 다수가 농촌에서 생활하던 우리 민족 인구가 대량적으로 도시에 진출하면서 이제는 도시가 우리생활의 새로운 터전으로 되고 있다.

하지만 예전에 우리가 농촌에서 모여 살던 것과 달리 도시는 우리에게 도전이 가득찬 곳이기도 하다. 더욱이 인구적으로 아주 작은 비중을 차지하고 더 분산적이어서 도시에서 우리말, 우리글을 사용하고 우리 문화를 이어간다는 것은 아주 어려운 일이다.

이럼에도 불구하고 조선족이 살고 있는 도시에는 정도적 차이는 있지만 민족 문화를 고수하고 전승하려는 움직임이 항상 보인다. 이 자리를 빌어 민족 문화의 꽃을 힘껏 피우려고 노력하고 있는 단동시 조선족 사회의 단면을 이야기하고자 한다.

단동시는 압록강을 사이 두고 조선과 인접되어 있는 변강도시로 조선족 인구가 약 16,000명(민간예측 약 4만 명) 된다. 단동시 약 219만 명 총인구에 비하면 조선족 인구가 아주 작은 비중이지만 이 지역 조선족 사회는 민족의 존재를 널리 알리고 민족 문화를 전승하며 민족 정체성을 지키기 위하여 관련 문화사업들을 꾸준히 해왔으며 그 효과와 영향도 점점 커가고 있다.


## 1. 민족 교육진로의 새로운 탐색

현재 동북지역의 조선족중소학교는 새로운 환경변화, 학생내원감소, 교육질량하락 등 원인으로 점점 축소되고 있는 추세를 보이고 있다. 이러한 현실 하에 관건역할을 하는 학교 영도층의 태도와 실천이 학교의 미래와 연관된다고 하여도 과언이 아니다. 만약 그대로 방치하고 포기하면 민족 교육의 앞이 보이지 않지만 적극적으로 대응하고 출로를 찾는다면 그래도 희망이 있다. 단동조선족중학교의 노력과 실천이 이를 잘 설명해준다.

1947년에 설립된 단동조선족중학교도 새 시기에 와서 기타 지역 조선족 학교와 마찬가지로 민족 교육과정에서 많은 어려움을 겪고 있다. 하지만 학교지도층은 어려움에 물러서지 않고 새시기의 민족 교육이 당면한 어려움을 극복하고 출로를 적극적으로 탐구하면서 창발적인 기구--단동조선족중학교교육집단총교를 건립하였다.

문호 교장의 소개에 의하면 2020년에 설립한 단동조중교육그룹의 취지는 단동 지역 각 조선족 학교의 균형과 고품질 발전을 위한 것으로 그룹은 자원우세를 발휘하여 산하 지역 조선족중소학교에 존재하는 교사수준의 불균형을 해소하고 각 학교들의 교학질을 제고하는데 힘을 기울이고 있으며, 우수교원 파견, 학교 간 교사 교환 등은 교사들의 자질을 높이고 교학질량을 제고하는데 좋은 효과를 발휘하고 있다고 한다. 이와 같이 민족 교육 그룹화하에 실행되고 있는 우세상호보충, 자원공유 등은 여러 학교의 교학질 상승과 학교영향 확대 등에 힘이 되고 있으며 민족학교의 이미지를 높이고 학생 내원을 확충하는데 크게 기여하고 있다.

현재 아주 어려운 환경 하에 단동조선족 학교의 학생수감소가 뚜렷하지 않고 원래 규모를 보전할 수 있는 것은 기타 일반학교에서 보기 드문 현상이다. 어떻게 보면 단동조선족 학교의 이러한 탐색은 기타 지역 조선족 학교 운영과 발전에 하나의 좋은 모델이 될 수 있지 않을까 싶다.


## 2. 민족 문화의 전승과 홍보에 전력

도시는 민족 문화의 외로움 섬이라고 할 수 있다. 어려운 여건 속에 민족 문화를 홍보하고 전승하는데 많은 힘을 기울이고 있는 기구가 있는데 바로 단동시조선족 문화예술관이다.

1979년에 설립한 조선족 문화예술관은 40여 년 동안 많은 일을 하였다. 문화예술관은 민족 문화예술작품을 창작하여 도시 구역과 농촌에 내려가 광범히 홍보하고 민족 문화를 널리 알렸는바 그들의 발자국은 단동뿐만 아니라 동북3성에까지 남기였다. 문화예술관이 주도한 "단동조선족환갑례"는 무형문화유산신청에 성공하였으며 "난타", "두 촌장" 등 절목들은 중앙텔레비전방송에도 방송되어 조선족의 민족 문화

요소를 널리 알리기도 하였다. 그리고 문화예술관은 민족 문화관련 단체들에 힘이 되도록 많은 활동을 조직하고 지원함으로써 민족 문화보존과 전승에 많은 기여를 하였으며 특히 1980년대 초기부터 조직한 "단동시조선족민속놀이축제"는 지금도 이어가고 있을 뿐만 아니라 민족음식축제과 김치축제를 겹치어 조선족 및 민족 문화를 더 널리 알리고 있다.

문화예술관은 민족 문화 관련자료 누적에도 많은 공력을 들이고 있다. 근년에만 하여도 <단동시조선족 문화예술관 설립 40주년 기념책>, <압록강 조선족 문화>, <단동시조선족미술 촬영 서예작품집> 등 책자들을 많이 내놓았다. 이러한 책자들은 모두 민족 문화 활동의 소개 자료로 민족 문화역사의 한 페이지로 남아있을 것이다.

이처럼 예술관 려명애 서기가 "민족 문화 전승에는 관련활동을 진행하는데 그쳐서는 안 된다. 후세들에게 민족 문화흐름을 파악하고 민족 문화를 지속적으로 전승하는데 도움이 되도록 이러한 활동들을 잘 기록하여 자료로 남겨두어야 한다"고 말하듯이 자료누적이 중요한 것이다.


## 3. 민족 문화전승의 튼튼한 뒷심

단동은 그리 크지 않은 도시지만 이 지역의 조선족들은 민족 문화를 전승하고 민족 정체성을 확립하는데 많은 노력을 하고 있으며 이러한 노력에는 단동시조선족연합회 등 사회단체의 참여와 지원의 힘이 컸다. 연합회를 간단히 소개하면 몇 해 전에 요녕성에서는 요녕성조선족경제문화교류협회를 요녕성조선족련의회로 개칭하면서 각 지역의 조선족 경제문화교류협회도 모두 연의회로 개칭하였는데 유독 단동에서는 경제문화교류협회를 연의회로 하지 않고 연합회로 개칭하였는바 사실 연합회 명칭의 취득도 쉽지가 않았다.

근년에 와서 심청송 회장을 비롯하여 연합회는 조선족 사회 관련 사업, 특히 민족 문화 활동과 민족 교육사업을 중요시하고 물심양면으로 많은 지원을 하였다. 연합회는 우수학생 장학금 전달, 빈곤학생 후원, 아동절에 도서 기부, 유치원 공연 의상비용 후원, 교사절에 우수교사 장려, 교사들에게 선물 전달 등 행사를 경상적으로 시행하였고 여러 조선족단체들의 민족 문화 활동들도 적극 지지하고 지원하였다. 특히 근년에 시작한 <조선족김치축제> 같은 경우 조선족연합회가 직접 기획하고 주최함으로써 해가 갈수록 더욱 규모 있고 영향력 있게 진행할 수가 있었다.

이와 같이 연합회 심청송 회장이 말하는 "단동 조선족 사회 융합과 발전을 위하여 최선을 다하는" 조선족연합회가 튼튼한 뒷심이 되어주었기에 여러 민족 문화 활동을 활발히 전개할 수 있었으며 조선족 사회가 기타 지역과 달리 더 빨리 성장해가고 있는 것 같기도 하다. 단동조선족연합회의 사회적 지원과 기여는 민족 사회융합과 발전에 큰 도움이 될뿐만 아니라 민족 사회 이미지 향상에도 많은 기여를 하였다.

2020년 단동시조선족연합회는 취득하기 어려운 5A사회단체로 선정되었는바 이것은 연합회 사업과 역할에 대한 아주 중요한 긍정이기도 하다.

이번 단동 출장에서 많은 희망을 보았다. 현재 단동조선족 사회는 여러 면에서 확장되어가고 있다. 조선족 인구가 증가되는 추세를 보였고 조선족 학교에 학생수가 줄어들지 않았으며 조선족유치원도 장소 부족으로 부지를 더 확대한다고 한다. 그리고 정부 관계기관까지 동원된 <김치축제> 등 규모적인 민족 문화행사는 본 지역 조선족 사회 이미지 향상에도 아주 큰 도움이 될 것이다.

어떻게 보면 단동시 조선족 사회의 활약상은 한창 성장하는 젊은이의 모습과 같아 희망이 더 보이다. 그리고 단동조선족연합회가 구심점이 되어 단동조선족 사회가 단합하고 성장되어가는 모습이 도시 조선족 사회의 또 하나의 모델이 되어 기타 도시 조선족 사회의 성장과 발전에 좋은 참조가 되었으면 하는 바람도 없지 않다.

2021.10.22.

해안선뉴스, 海岸線文化藝術傳播 10月 22日

https://mp.weixin.qq.com/s/L5vJu8vdOkmKUqUn258iqA

# 우리말 주말학교,
# 동북지역에도 많이 세워야…

언어 문자는 민족 문화의 중요한 구성 부분이고 표현형식이기도 하다. 18세기 독일의 시인이자 철학가인 Herder는 언어는 기타 인간집단과 구분하는 "민족 문화 유산 가운데 제일 특수한 요소"로 "언어가 없으며 민족도 존재하지 않는다"고 강조하였다. 이와 같이 언어 문자는 민족을 구성하는 하나의 중요한 특징으로 그 중요성을 아무리 강조하여도 과언이 아니다.

특히 다민족 국가의 한 성원인 우리에게는 언어 문자가 여러 가지 민족 특징가운데서 무엇보다 뚜렷하다. 역으로 우리에게 있어서 만약 언어 문자가 소실되면 민족도 자취를 감추게 될 것이다. 지난 세월 우리는 마을단위로 모여 살아서 민족 교육을 꾸준히 진행할 수 있었고 우리 언어와 문자를 비롯한 민족 문화 전통을 고스란히 간직할 수가 있었다.

하지만 언제부터인가 우리 사회의 이러한 판도는 점차 바뀌어졌다. 인구 이동과 출생율 감소로 집거지인 동북에서도 우리의 기반은 점점 약화되고 민족 문화 유지와 전승에 많은 어려움을 겪고 있다. 더욱이 수많은 민족학교들이 학생내원의 급감으로 규모가 날로 축소되고 심지어는 폐교의 비운에 다달기도 하였다. 여기에는 산아제한정책의 심각한 영향도 있겠지만 우리학생들이 다량으로 한족 학교에 입학 또는 전학하는 경우도 하나의 심각한 원인이라고 하겠다.

예전에 민족 교육이 번창하여 촌에는 소학교, 향진과 현성에는 중학교가 있을 때 조선족 학생이 한족 학교에 다니는 경우가 있긴하였지만 그 영향은 아주 미미하였다. 하지만 1990년대 이후부터 민족학교들이 학생내원의 급격한 감소로 합병 또는 폐교되면서 우리언어 문자에 대한 소홀성, 학교 기숙생활의 부담 등 여러 원인으로 다량의 조선족 학생들이 한족 학교에 유입하기 시작하였다.

관련 자료에 따르면 흑룡강성 목단강시의 경우 1997년에 이미 한족 학교에 다니는 조선족 학생이 현지 조선족 학생 전체의 약 60% 된다고 한다. 이후 이러한 추세는 계속되었으며 민족자치지역인 연변도 마찬가지로 1998년 연변지역의 조선족 학령아동 4,144명 가운데 조선족소학교에 입학한 학생은 2,493명이고 한족소학교에 입학한 학생은 1,651명으로 역시 적지 않았지만 2003년에는 조선족학령아동 3171명가운데 조선족소학교에 입학한 학생 1,271명에 비해 한족 학교에 입학한 학생은 1,900명이나 되었다.

더욱이 근년에 화제가 된 대학입시에 조선어가 점차 배제된다는 소식과 더불어 한족 학교를 선택하는 조선족 학생이 더욱 많아지고 있는 것이 오늘의 현실이다. 이처럼 민족학교는 학생내원 부족 더욱 설상가상이 되었고 우리 학생들이 민족 문화 전통을 접촉할 기회는 더욱 좁아지고 있다.

지난 1990년대 이후 우리 학생들이 한족 학교에 많이 다니는 경우에 비추어 우리말 주말 학교를 설립 운영하는 것이 아주 필요하였지만 많은 사람들이 그 위기감과 긴박성을 절실하게 느끼지 못 하였다. 이것은 동북조선족 지역에는 아직 조선족 학교가 있어 당연히 우리글, 우리말은 그냥 남아있다는 안일한 생각을 하고 있었기 때문일 것이다. 하지만 사실은 그렇지 않았고 현재는 더 많은 조선족 학생이 한족 학교에 다니고 조선족 학교에서도 한어말을 강요하며 조선어문이 선택과문으로 밀리고 있는 상황이다.

이와 같이 동북지역에서도 우리말, 우리글 유지가 많은 어려움을 겪고 있는 것이 오늘의 현실이다. 따라서 조선족 학교가 있다고 안일한 생각만 할 때가 아니고 동북지역에도 우리말 주말 학교를 많이 세워야한다는 의식을 깊게 심을 때가 왔다고 본다.

우리말 주말 학교는 원래 산해관 이남 도시 지역에서 자란 우리 아이들을 상대로 시작한 우리말, 우리글교육의 실천으로 현재 북경, 상해, 천진 등 전국 20여 개 도시 지역에 30여 개가 있다. 이 가운데 2013년에 설립된 대련 "옹달샘배움터" 같은 4개 분교에 약 200명 학생을 가진 우리말 주말 학교도 있고 장춘명신한글학교, 심양조선족전통 문화원 등 다양한 형식으로 우리말 주말 학교를 운영하는 경우가 동북지역에도 나타나 한편 다행스러운 일이기도 하다.

그리고 민족 교육의 불모지인 산해관 이남 도시에서 우리말 주말 학교의 운영은 새로운 과제로 아무른 조건도 없는 상황에서 시작할 수밖에 없었다. 이에 비해 동북지역의 형편은 그래도 좀 좋다고 볼 수 있는 바 하나는 여러 지역에 조선족 문화관이 있고 조선족 학교들이 있어 장소, 인원 등 관련 자원을 활용하는데는 산해관 이남도시보다 썩 좋고, 또 하나는 대련 옹달샘배움터와 같은 주말 학교를 잘 운영해가는 선례도 있으며, 그 다음은 산해관 이남도시의 우리말 주말 학교운영의 경험들을 흡수할 수 있는 유리한 점도 있기 때문이다.

이처럼 동북지역에도 우리말 주말 학교를 설립하여 한족 학교에 다니는 우리 아이들 상대로 우리말, 우리글교육을 진행하여야 한다는 필요성과 긴박성은 주지하는 바이다. 문제는 먼저 동북의 각 지역 민족단체나 지성인들이 적극적으로 우리말, 우리글의 중요성을 홍보하고 우리말 교육의 필요성, 긴박성을 널리 알려 빠른 시일 내에 우리말 주말 학교를 많이 세우는 것이 중요하다.

우리말 주말 학교의 수업은 한 주일에 한번씩 진행하여 비록 배우는 시간은 많지 않아도 우리 아이들이 주말 학교에서 우리글 기초를 어느 정도 터득할 수 있다. 더 중요한 것은 이러한 과정이 우리 아이들에게 자신의 정체성을 익히는데 큰 도움이 될 수 있다는 것이다. 그리고 우리말 주말 학교는 어느 한 단체, 몇 사람이 아니고 그 지역 조선족 사회 전체성원들이 힘을 합쳐야만 지속적으로 꾸려나갈 수 있다는 점도 우리 모두 마음에 두었으면 한다.

『해안선뉴스』, 海岸线文化艺术传播 2022.11.10.
https://mp.weixin.qq.com/s/Ej5p-4ju696cIhINFmixxw

지은이 소개

## 정신철(鄭信哲)

길림성 반석현 출생.

중국사회과학원 민족학&인류학 연구소 교수.

중국조선민족사학회 회장.

중국국무원 정부 특수수당금 수혜 전문가.

연구 영역은 마르크스주의 민족이론, 중국민족문제와 조선민족연구 등.

## 조선족 어디로 가야 하나?

초판1쇄 인쇄 2023년 8월 24일
초판1쇄 발행 2023년 9월 11일

지은이    정신철
펴낸이    이대현
편집      이태곤 권분옥 임애정 강윤경
디자인    안혜진 최선주 이경진
마케팅    박태훈

펴낸곳    도서출판 역락
출판등록  1999년 4월 19일 제303-2002-000014호
주소      서울시 서초구 동광로 46길 6-6 문창빌딩 2층 (우06589)
전화      02-3409-2060
팩스      02-3409-2059
홈페이지   www.yourackbooks.com
이메일    youkrack@hanmail.net

ISBN 979-11-6742-564-5    03300